基金支持：同济大学研究生教材建设项目资助

（项目编号：2021JC38）

运动
营养学

秦黎黎　卢天凤 等◎编著

上海交通大学出版社

SHANGHAI JIAO TONG UNIVERSITY PRESS

内容提要

本书紧密对接《"健康中国 2030"规划纲要》和"体医融合"理念,系统介绍了合理膳食与运动能力、健康体质之间的重要关系,以及运动营养在慢性疾病的预防和改善中所发挥的作用机制和基本原理。注重运动与健康品格教育的重要性,凸显体育学科核心素养课程的价值引领功能,有助于推进跨学科交叉教育生态环境和人才培养建设。

本书分为运动营养学基础、运动健身与营养、运动营养与慢性疾病三个篇章,知识结构层次递进,有助于引导学生进行探究性学习,培养学生的综合运用能力,可作为普通高校研究生"运动营养学"课程的教材。

图书在版编目(CIP)数据

运动营养学 / 秦黎黎等编著. — 上海 :上海交通
大学出版社,2022.9(2024.1 重印)
　　ISBN 978 - 7 - 313 - 27356 - 7

　　Ⅰ.①运…　Ⅱ.①秦…　Ⅲ.①体育卫生-营养学-研
究生-教材　Ⅳ.①G804.32

　　中国版本图书馆 CIP 数据核字(2022) 第 156566 号

运动营养学

YUNDONG YINGYANG XUE

- -

编　　著：秦黎黎　卢天凤　等
出版发行：上海交通大学出版社　　　　　　地　　址：上海市番禺路 951 号
邮政编码：200030　　　　　　　　　　　　电　　话：021 - 64071208
印　　刷：上海新艺印刷有限公司　　　　　经　　销：全国新华书店
开　　本：710mm×1000mm　1/16　　　　　印　　张：9
字　　数：177 千字
版　　次：2022 年 9 月第 1 版　　　　　　　印　　次：2024 年 1 月第 2 次印刷
书　　号：ISBN 978 - 7 - 313 - 27356 - 7
定　　价：48.00 元

版权所有　侵权必究
告 读 者：如发现本书有印装质量问题请与印刷厂质量科联系
联系电话：021 - 33854186

编　委　会

主　任　秦黎黎　卢天凤

副主任　董静梅　冯琳琳

编　委　李纪霞　王乐军　孙婧瑜　徐　贞
　　　　秦　瑶　崔柠薪　何以为　赵新宇
　　　　袁　梦　潘蕾宇　石环瑜

前　言

运动营养学是营养学中的一个分支,是运动医学的重要组成部分,也是研究健身人群和运动员的营养需要,利用营养因素来提高运动能力,改善生理功能,促进体力恢复,预防疾病和保健康复的一门重要科学。国务院颁布的《关于加快发展体育产业促进体育消费的若干意见》《"健康中国 2030"规划纲要》等国家政策相继将"以体促健"列入其中,并分别强调:要促进体医结合,发挥体育锻炼在疾病防治以及健康促进等方面的积极作用;推动形成体医融合的疾病管理与健康服务模式,催生健康新产业、新业态。健康中国行动实施以来,全民健身运动持续升温,这就需要广大人民群众具备科学健身和免疫力保持的专业知识和健康意识,而运动营养学的指导,有益于健身人群获得最佳的健身效果。

目前,国内外的运动营养学相关教材主要供体育院校专业学生使用,教材内容也主要针对专业运动员运动训练和竞技比赛中运动营养知识的介绍,然而,对于普通高校的学生特别是研究生来说,涉及运动营养学专业的书籍较少。因此,在前期充分调研的基础上,我们组织了运动人体科学、运动训练教学方面经验丰富的一线教师,对教材内容的选择和编排进行了充分讨论,最后撰写成书。

本书具有以下特点:

(1)基础知识与理论机制紧密结合:本书紧密对接《"健康中国 2030"规划纲要》,系统介绍合理膳食与运动能力、健康体质之间的重要关系,不同类型运动的营养需求特点和营养补充策略,以及在慢性疾病的预防、治疗和健康促进中所发挥的作用和基本原理。注重课程教学中德育元素和内涵,将立德树人的理念贯穿整个教材体系中。

(2)不同知识模块紧密衔接:本书分为运动营养学基础、运动营养与健身、运动营养与慢性疾病三个篇章,知识结构上层次递进,有助于引导学生进行探究性学习,培养学生的综合运用能力。

(3)体现学科交叉和体医融合理念:本书可以满足体育学专业学生的需求,也可作为跨学院多学科背景研究生的选修课参考书,特别是第三篇运动营养与慢性疾病部分,对目前运动营养干预治疗慢性疾病的前沿研究,尤其是生理学功能、慢性疾病调控、分子机制等方面进行了系统总结,有助于推进跨学科交叉教育生态环境和人才培养建设。

参加本书编写的成员有董静梅、冯琳琳等。本书在撰写阶段得到了众多专家的支持和帮助,引用了相关的论著及其研究成果,在此向他们表示衷心感谢。本书是广泛知识学习、凝练科学研究和教学经验的成果总结,由于编写人员的水平有限,难免存在不足与疏漏之处,恳请广大读者批评指正,以便在今后查漏补缺、与时俱进。

编 者

2021 年 10 月

目　录

第三篇　运动营养与慢性疾病

第一篇
运动营养学基础

第一章　运动与营养

糖类、脂肪、蛋白质、维生素、矿物质和水是维持生命活动、保证身体运动的基础,是体质健康的营养学核心问题。合理的膳食营养是防治疾病、维护人体健康水平的物质基础,运动锻炼是促进人体健康的重要手段。运动与健康膳食对保证人体的正常生长发育、维护健康、提高机体生理机能、增强体质和防治疾病具有重要的意义。

第一节　体质健康与营养

在营养与体质的辩证关系的研究中,学者们普遍认为,营养状况、后天因素和环境、社会条件、体育运动等对人们体质的差异具有重要影响,而营养的摄取是否合理是体质差异的关键因素。生命的存在、有机体的成长发育、各种生理活动及体力活动的进行,都有赖于体内的物质代谢过程。足够的营养是保证人们身体正常成长发育的重要因素,人的体质、体格发育水平,除了遗传因素外,与其营养状况有很大关系。目前,我国少年儿童的体质和体格的发育水平明显高于20世纪50年代以前青少年儿童的水平,这无疑与现今营养条件的改善是分不开的。合理的营养能促进健康和延长寿命,一旦营养失调,就会给身体带来不利影响,甚至引发某些疾病。因此,研究合理营养对少年儿童成长发育、人体生理机能调节、疾病预防、体育运动能力等方面的影响有重要的意义。

第二节　合理营养与运动能力

运动锻炼能增强人体各组织器官的功能,提高健康水平。合理的营养摄取,不但对运动员具有重要的意义,关系着运动员的身体健康,对运动成绩的提高具有至关重要的作用,而且随着社会的进步和人民生活水平的提高,对人们拥有一个充沛的体力、健康的体质,同样也有着十分重要的意义,这一点,已经被越来越多的人认识到。为此,营养科学也得到迅速发展,并分化为多个学科,如临床营养学、公共营养学、儿童营养学、营养流行病学、运动营养学等,人们也普遍认识到营养与健康、营养与疾病、营养与遗传、营养与民族素质的关系,所以在营养上也各有其特殊的要求。营养的合理与否,对人的体质健康、发育水平、运动能力的影响越来越明显。合理的营养和运动是健康生活方式的重要组成部分,要获得通过运动促进健康和成长发育的良好效果,就必须有合理的膳食营养作保证,营养是构成机体组织的物质基础,体育运动则可增强身体的机能,两者科学配合,才能更有效地提高人类健康水平。

第三节　运动与宏量营养素

一、运动与糖类

糖类对于运动机体最主要的功能之一就是提供能量。

1. 糖类在运动过程中的供能特点

运动中最直接和最快速的能量是三磷酸腺苷(ATP),但人体内 ATP 的储存量很少,仅能维持几秒钟,ATP 需要不断合成。糖是剧烈运动中 ATP 再合成的主要基质,以糖原的形式分别储存于肌肉和肝脏。在无氧和有氧的情况下均能分解为 ATP 供给机体使用。糖在无氧氧化时耗氧量最少,不增加体液的酸度,是机体基本的首选的功能物质。糖经无氧酵解可生成 2 分子 ATP,反应终产物为乳酸。测定血乳酸,可反映运动员的运动强度、训练水平、疲劳程度等情况。

2. 运动中的糖储备

机体的糖储备是影响运动耐久力的重要因素。研究证明,糖储备与运动能力呈正相关;且肌糖原降低与运动性疲劳和运动性损伤的发生有密切关系。糖储备包括肌糖原、肝糖原和血糖。全身肌糖原约为 250g,肝糖原 75~90g,血糖 5~6g,糖储备总量 300~400g。一些长距离运动项目可使运动员机体内的糖储备消耗殆尽。

大脑细胞主要靠血糖供能,而且几乎没有糖储备。糖储备耗竭后,极易引起中枢性疲劳,甚至发生低血糖。膳食中糖类比例高,有利于糖原的合成和糖储备的增加。

二、运动与脂肪

1. 运动中脂肪的主要营养功能

(1)供给运动能量。与糖类相比,脂肪具有重量轻、能量密度高、发热量高的特点。1g脂肪在运动中可产生37.6kJ(9kcal)能量,比1g蛋白质或1g糖类高1倍多。因此,对于能量消耗较大的运动员而言,脂肪可起到缩小食物体积、减轻食物重量的作用。脂肪参与供能是以氧供应充分为前提的。因此,脂肪可以为长时间、低强度运动项目(如超长距离马拉松和铁人三项)提供能量。脂肪供能时,通过参与供能比例的增加,又可以起到节省糖原作用,从而提高机体耐久力。

(2)构成部分重要生理物质。磷脂、糖脂和胆固醇作为脂类物质,参与构成细胞膜的类脂层,胆固醇又是合成胆汁酸、维生素 D_3 和类固醇激素的原料。

(3)维持体温和保护内脏。脂肪不易导热,皮下脂肪层有隔热保温作用。脂肪的这种性质,对于在寒冷环境中运动的运动员来讲,可防止体温过分散失,这对运动能力的发挥有积极意义;但对于热环境下长时间大强度运动中的运动员而言,由于脂肪阻止散热使体温上升,将对运动能力产生不利影响。此外,人体内脏(如心、肝、肾、脾等)周围都有脂肪层包裹,可以起到防震作用,在一定程度上避免激烈运动对内脏器官的损伤。

(4)促进脂溶性维生素的吸收。鱼肝油和奶油富含维生素 A、D,许多植物油富含维生素 E。脂肪能促进这些脂溶性维生素的吸收。因此,摄取适量的脂类食物是不可缺少的,特别是控制体重的运动员在长期节食期间,也应该注意适当补充脂肪,防止脂溶性维生素的缺乏。

(5)增加饱腹感,防止饥饿。脂肪在胃肠道内停留时间长,所以有增加饱腹感的作用。在长时间运动中可以有效地防止运动员产生饥饿感。

2. 运动与脂肪供能

脂肪是运动的主要能源之一。某些长时间的运动项目如马拉松、铁人三项等,运动员可适当增加脂肪的摄入,这不仅可以获得较多的能量,还可维持饱腹感。运动训练中可增加机体对脂肪氧化利用能力,因为脂肪供能的增加可节约体内的糖原和蛋白质。

运动强度不同,脂肪动员的供能也不同。当运动强度为 25% VO_{2max} 时,脂肪组织动员利用的脂肪供能量多,随着运动强度的增大呈减少趋势。而骨骼肌脂肪在 25% VO_{2max} 强度时利用减少,当强度达到 65% VO_{2max} 时,脂肪动员利用最多,在 85% VO_{2max} 强度时出现减少,高强度运动时,脂肪氧化不能保持高功率输出,此时,机体主要利用糖类供能。

三、运动与蛋白质

运动中蛋白质的营养功能如下:

(1)维持细胞的生长、更新和修补。参与构成各种细胞组织是蛋白质最重要的功能。蛋白质是肌肉、内脏器官、骨骼、皮肤和红细胞等的主要组成成分,占细胞内固体成分的 80% 以上。高强度和大运动量的训练比赛可造成肌肉组织损伤,而组织细胞的修复需要蛋白质。运动后休息期机体蛋白质和氨基酸的合成代谢会增强,这有利于组织细胞的修复和骨骼肌支链氨基酸的储备。

(2)合成酶、激素和其他化合物。在运动过程中,体内的所有物质代谢都是在酶的作用下完成的。而酶是具有催化功能的一类特殊蛋白质。蛋白质的基本单位是氨基酸,在体内的激素中,有一部分是从氨基酸演变或合成而来的。此外,一些氨基酸还是合成体内某些物质的原材料。例如,酪氨酸是合成皮肤、头发和眼睛颜色的黑色素的原材料,色氨酸是神经递质血清素的原材料。

(3)合成抗体。在生物体所有的蛋白质中,抗体最能够说明蛋白质的生物特异性。抗体是由氨基酸组成,能够识别属于自身蛋白质和入侵人体的外源微粒(通常为蛋白质),而且只会与后者发生作用。外源性蛋白质可能是细菌、病毒或毒素的组成部分,或是食物中引起过敏的某种成分。机体识别出入侵的蛋白质,就会产生专门抑制这种蛋白质的抗体,但每一种抗体只能用来摧毁一种特定的入侵者。

(4)保持体液和电解质平衡。一方面,蛋白质利用自身生物大分子和蛋白质亲水性的特征,来维持细胞内外的水分;另一方面,细胞膜上的运输蛋白通过不断地将各种物质运出或运进细胞,来维持体液的组成。

(5)维持体内酸碱平衡。蛋白质可以作为保持血液正常酸碱度(pH 值)的缓冲物质,维持体内的酸碱平衡。例如,当机体 pH 值下降时,蛋白质可以利用其两性电解质的带负电特征接受带正电的氢离子,缓解 pH 值的进一步下降。但是当 pH 值变化过大,超出蛋白质的缓冲能力时,过多的酸会造成蛋白质变性,从而使身体和多个生物过程受到破坏。

(6)提供能量。蛋白质在运动中供能比例最小。蛋白质在运动中供能的比例取决于运动的类型、强度、持续时间及体内糖原的状况。体内肌糖原储备充足时,蛋白质供能仅占总消耗的 5% 左右,肌糖原耗竭时可上升到 10%～15%,在一般运动情况下,蛋白质提供 6%～7% 的能量。蛋白质动用的一般顺序:首先是血液和肝脏中的小蛋白质,其次才是肌肉和其他器官的蛋白质。每克蛋白质产生17.19kJ(1kJ＝4.18kcal)能量,供能是蛋白质的次要生理功能。骨骼肌在长时间耐力型运动中可选择性摄取支链氨基酸进行氧化供能。

第四节　运动与微量营养素

一、维生素

维生素是维持人体正常物质代谢和某些特殊生理功能不可缺少的低分子有机化合物,其种类繁多,化学性质和生理功能也各有不同,它们既不是构成组织的原料,也不参与功能,但是在体内的生物化学反应及代谢过程中扮演着重要角色,维生素主要参与各种酶的组成,在调节物质代谢和能量代谢中发挥重要作用。维生素虽然需要量很少,但大多数人体自身不能合成或合成量很少不足以维持生命活动所需,必须通过饮食过程从外界获得。根据维生素的溶解性能可以将维生素分为水溶性维生素和脂溶性维生素。

1. 运动与水溶性维生素

水溶性维生素主要有 B 族维生素和维生素 C。B 族维生素包括:维生素 B_1(硫铵)、维生素 B_2(核黄素)、维生素 B_3(烟酸)、维生素 B_5(泛酸)、维生素 B_6(吡哆醇)、维生素 B_7(生物素)、维生素 B_9(叶酸)、维生素 B_{12}(钴胺素)。B 族维生素一方面在生物体内通过构成辅酶,影响酶的催化功能,进而发挥对能量代谢的调节作用,另一方面对维持红细胞的正常生长和生物学功能起到重要作用。例如:维生素 B_1作为辅酶主要参与糖代谢,因此当摄入量不足时,糖的氧化供能就会受阻,并且会影响神经组织的能量供应,随着运动强度的增加,运动负荷增大,维生素 B_1 的需求量也随之增加,特别是有氧运动如游泳、乒乓球、健身操等都需要及时补充维生素 B_1。维生素 C 参与蛋白质、脂肪、糖的氧化,参与细胞内的氧化还原反应,是活性很强的还原性物质,可以提高生物氧化过程,促进能量代谢,并且可以防止肌细胞受损,从而减轻运动性疲劳和提高运动能力。

2. 运动与脂溶性维生素

脂溶性维生素包括维生素 A、维生素 D、维生素 E 和维生素 K。脂溶性维生素不溶于水,易溶于有机溶剂,富含于脂类食物中。脂溶性维生素可在人体内储存,主要储存于脂肪和肝脏部位,因此过量摄入会影响机体正常生理功能和运动能力,严重者会引起中毒。

维生素 A 有维持正常视觉、促进生长发育、增强免疫力、清除自由基、促进细胞再生等功能,主要存在于动物肝脏、蛋类、奶类、绿叶和黄叶蔬菜中。

维生素 D 有促进钙、磷的吸收及转运,促进骨与软骨的生长,维持骨骼强壮,维持血钙平衡等功能。机体维生素 D 水平对运动员的健康和运动能力影响较大,维生素 D 缺乏会引起骨头和关节疼痛、肌肉萎缩、失眠、紧张等症状,严重影响运动能力和运动表现。经常晒太阳可以促进体内维生素 D 的合成满足人体需求,每天户外运动 2 小时即可预防维生素 D 的缺乏。富含维生素 D 的食物包括鱼肝油、海鱼类、动物肝脏、奶制品等。

维生素 E 是机体重要的抗氧化剂,与微量元素硒具有协同抗氧化的作用,可降低机体脂质过氧化作用,保护机体免受自由基的氧化损伤,从而对促进疲劳恢复、提高运动能力有重要作用和意义。富含维生素 E 的食物包括花生油、玉米油、大豆油、芝麻油、麦胚油等。

维生素 K 具有凝固血液、制止出血的作用;还可促进骨钙蛋白的形成,从而使骨密度增加,也可使骨质疏松患者血浆中骨钙蛋白增加,促进骨的重建和钙的动员。维生素 K 的来源广泛,主要富含于绿叶蔬菜、动物肝脏、蛋黄等食物中,且肠道细菌也可合成维生素 K。一般情况下很少出现维生素 K 缺乏,如果缺乏就会出现皮下、肌肉及内脏出血。

运动导致机体代谢加强加快,维生素作为能量代谢辅助因子,及时、适量供应有利于产生能量并改善神经系统功能,从而满足运动对机体代谢能力的要求。运动员维生素的需求量比一般人高,主要是因为运动训练使胃肠道对维生素的吸收功能降低,体内的维生素周转率加速,运动中的大量排汗使排出增加等,这些都是造成其需求量增加的原因。因此,运动员或体力活动水平较高人群应适时、适量地补充维生素。

二、运动与矿物质

矿物质又称无机盐,是构成人体组织和维持正常生理活动的重要物质。人体组织几乎含有自然界存在的所有元素,人体除去碳、氢、氧、氮以外的元素统称为矿物质。矿物质和维生素一样,也是人体自身无法合成但又是构成人体组织和维持正常生理功能所必需的一种营养素。

在机体中矿物质主要作为构成机体组织的重要材料,如钙、磷、镁是骨骼和牙齿的主要组成成分,对保持骨骼强壮,防止运动性骨折具有重要作用;铁是血红蛋白不可缺少的成分。矿物质又是多种辅酶或辅酶因子的组成成分,诱导酶的活性,参与机体的新陈代谢,如锌、铁、钙、锰、铜等。另外,矿物质还承担着维持机体电解质平衡、酸碱平衡、细胞渗透压和维持机体神经肌肉组织兴奋的作用,这对运动耐力表现至关重要,如钠、钾、镁、钙等。在促进最佳运动表现方面,矿物质的作用还包括参与糖酵解、脂肪水解、蛋白质水解及磷酸肌酸系统。

在人体新陈代谢过程中,每日都会有一定量的矿物质随着粪便、尿液、汗液、皮肤及黏膜脱落而排出体外,所以,人体必须每日摄入足够量的矿物质以维持机体的正常生理生长活动,尤其是在高温、高湿环境下的运动和体力活动,伴随着出汗量的增加,矿物质的丢失也会随之增大,需要及时补充含有矿物质的液体。

第五节　运动与水

一、运动时水代谢的特点

剧烈或大量运动时,体内为排出体热会大量出汗,同时,通气量增加也会从呼吸道丢失大量的水分。机体在运动时的水代谢具有以下特点:

(1)出汗率高,出汗量大。

（2）排尿量少。

（3）呼吸道排水量大。

（4）代谢产生水增多。

二、运动性脱水和预防

运动性脱水是指人们由于运动而引起体内水分和电解质丢失过多的现象。在高温、高湿环境下进行大强度运动或比赛时，人体大量出汗，通过呼吸道排出水量和代谢产生的水量增多，排尿量减少，如果没有及时补液，就会造成机体的脱水，严重时会危及生命。运动性脱水的预防主要有以下几点：

（1）提高对运动性脱水的耐受性。在各种环境中进行各种强度的运动和训练，可增强对运动性脱水的耐受性。不能以口渴作为补水的标志，因为这时身体丢失的水分已达体重的 2%。

（2）不能单纯补水，更不能补纯水。因为纯水会造成血液稀释，排汗量剧增，使脱水状况进一步加重。而且，在剧烈运动过程中，大量电解质随汗液流失，体内缺乏这些电解质将影响一些正常生理功能的发挥。在这些电解质中，损失最多的是钠和氯，所以运动中补充电解质很大一部分是补钠和氯。除此之外，补充钠还有一个重要作用，就是帮助水分更有效地保留在体内。

（3）及时进行补液防止和纠正脱水。预防运动性脱水的关键是及时补液，使机体水分达到平衡。应根据运动情况和运动的特点，在运动的前、中、后补水补液。切忌一次补充过多水分，这样会使身体中血液黏度变稀薄，增加心脏负担。同时会加剧出汗的情况，使得身体中大量的微量元素伴随水分从体内排出，会增加运动意外的发生概率，如头晕、抽筋，甚至昏倒。运动中补水应该始终遵循"少量多次"的原则。

（4）长时间剧烈运动时必须补充糖。人体在运动时主要由糖类提供能量，运动时糖类供能的水平要比安静时增加 20 倍以上。长时间运动使血糖和肌糖原的消耗速度加快。因此，在长时间剧烈运动时必须补充糖，以维持血糖水平，节约肌糖原，并提高运动耐力。葡萄糖是机体最容易利用的能源物质，常在运动饮料中使用。但是近年来人们开始重视运动饮料的血糖生成指数问题，葡萄糖含量高，血糖生成指数就高。而果糖、蔗糖含量多时，血糖生成指数相对就低。所以，最近的运动补糖开始采用其他糖源与葡萄糖复配。除此之外，多种糖源复配还有利于调整饮料的渗透压、增加风味等。

（5）不能补高浓度的含糖饮料。运动中，尤其是剧烈运动中补充糖类时不能补高浓度的含糖饮料（如浓果汁），因为糖含量过高会造成胃排空时间延长，易在运动中出现胃部不适现象。运动饮料中，糖类的含量最好为6%，或控制在4%~8%范围内。目前市场上运动饮料的含糖量基本都在这一范围内。

（6）运动后补水时也要注意少量多次的原则，切忌暴饮，运动后补液应选择含有电解质和糖类的运动饮料，同时还应适量补充无机盐。可根据运动时丢失的体重作为参考，尿量和尿液的颜色作为水平衡的参考依据，无论是运动员还是健身人群不要以口渴作为补水的标准，养成积极主动、少量多次的补水习惯。对于运动强度不大，运动时间不超过60分钟的运动，不需要使用运动饮料进行补液，补充纯水即可；对于运动强度较大，运动时间长于60分钟的运动，需要考虑补充含电解质和糖的运动饮料。平时生活中不要把运动饮料作为补水的来源，这样会增加过多糖分和能量的摄入。

第二章　运动与膳食平衡

第一节　合理膳食的基本要求

　　膳食模式即膳食结构,是指膳食中各类食物的种类、数量及其所占的比例。评价一个膳食模式是否合理,常常是通过调查一段时间内膳食中各类食物的量,以及所能提供的能量和营养素的数量,是否满足人体需要及健康状况来判断。膳食模式的形成是一个长期的过程,受一个国家或地区人口、农业生产、食物流通、食品加工、饮食习惯、消费水平、文化传统、科学知识等多种因素的影响。

　　平衡膳食是指按照不同的年龄、身体活动和能量的需要设置的膳食模式,这个模式推荐的食物种类、数量和比例,能最大限度地满足不同年龄阶段、不同能量水平健康人群的营养和健康需要。平衡膳食是各国膳食指南的核心观点,"平衡"指人体对食物和营养素需要的平衡,指能量摄入和运动消耗的平衡。平衡膳食强调了日常饮食中食物种类和品种丰富多样,能量和营养素达到适宜水平,注意避免油、盐、糖的过量等多项内涵。

　　近年来,我国居民物质和生活条件大为改善,营养不足现象得到了很大的缓解,但膳食结构仍然不够合理,由此导致的营养问题依然突出。据最新全国性营养和健康状况调查数据显示,我国居民营养相关问题主要有:①膳食结构不合理现象较为突出;②谷类食物摄入总量下降;③动物类食物尤其是畜肉类摄入过多;④烹调油和食盐摄入水平居高不下;⑤饮酒率增加;⑥年轻人饮料消费增多导致添加糖摄入量明显增加;⑦居民身体活动水平呈现下降趋势。调查数据还显示,我国居民超重、肥胖问题严峻,学生超重、肥胖的比例持续增高;高血压高、糖尿病等膳食相关慢病的患病率居高不下,低龄化趋势明显;另一方面,居民健康意识普遍不足,这对预防个人和群体慢病的发生、发展起到消极的作用。因此,在当前情况下倡导平衡膳食的理念更具现实意义。

合理营养是人体健康的物质基础,平衡膳食则是实现合理营养的根本途径。科学实践已经表明,改善膳食结构,均衡饮食和增加运动量能促进个人健康、增强体质,减少慢病的发生风险。中国营养学会膳食指南修订专家委员会针对我国当前居民营养和健康状况提出的中国居民平衡膳食模式,将对改善我国居民营养与健康状况和保持社会的可持续发展起到重要的作用。

合理膳食营养能为运动健身者提供适宜的能量和充分的维生素和微量元素,能为健身者防止运动损伤提供物质保证,有助于健身者在健身运动后的恢复,可缓解健身者运动性疲劳的发生或减轻疲劳程度。

第二节　平衡膳食的组成与调配

平衡膳食模式是经过科学设计的理想膳食模式。平衡膳食模式所推荐的食物种类和比例能最大限度地满足不同年龄阶段、不同能量需要水平的健康人群的营养和健康需要。平衡膳食模式是中国居民膳食指南的核心。

中国居民平衡膳食模式的设计和修订依据:①营养科学原理和中国居民膳食营养素参考摄入量;②结合最近的我国居民营养健康研究,特别是中国居民营养与慢性病状况报告数据;③食物与健康关系证据研究;④考虑我国食物资源、饮食文化特点等。

我国地大物博,人口众多,平衡膳食模式所建议的食物种类和比例,特别是奶类和豆类食物的摄入量,可能与当前的多数人的实际摄入量有一定距离。但对于健康而言,无论是南方还是北方、城市还是农村,平衡膳食模式同样适用;为了保持和改善营养和健康状况,应把平衡膳食作为一个奋斗目标,努力争取,逐步达到。

为了更好地理解和传播中国居民膳食指南和平衡膳食理念,相关部门除了对"中国居民平衡膳食宝塔"修改和完善外,还增加了"中国居民平衡膳食餐盘""中国儿童平衡膳食算盘"等指导性文件。

第三节　中国居民膳食指南

膳食指南是根据营养科学原则和居民的营养健康需要,结合食物生产、供应情况及人群饮食生活实践,由政府或权威机构提出的有关膳食和身体活动的指导性建议。

《中国居民膳食指南(2016)》距离《中国居民膳食指南(2007)》已将近有 10 年了,经过膳食指南修订专家委员会和技术工作组百余位专家 2 年多的工作,并广泛征求相关领域专家、政策研究者、管理者、食品行业、消费者的意见,最终形成了该指南。此指南及系列指导性文件包含了一般人群膳食指南、特定人群膳食指南(婴幼儿、孕妇乳母、儿童青少年、老年人和素食人群)、中国居民平衡膳食宝塔、中国居民平衡膳食餐盘、中国儿童平衡膳食算盘。最新膳食指南和膳食宝塔的要点及中国居民平衡膳食宝塔(2016)如图 2-1 所示。

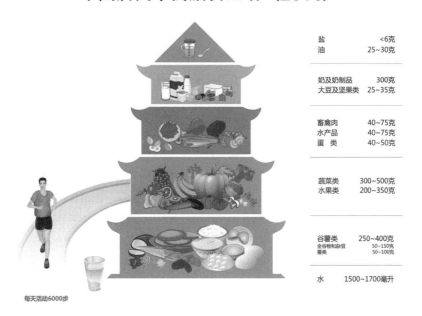

图 2-1　中国居民平衡膳食宝塔(2016)

一、食物多样,谷类为主

食物多样、谷类为主是平衡膳食模式的重要特征。每天的膳食应包括谷薯类、蔬菜水果类、畜禽鱼蛋奶类、大豆坚果类等食物。平均每天摄入 12 种以上食物,每周 25 种以上。每天摄入谷薯类食物 250～400g,其中全谷物和杂豆类 50～150g,薯类 50～100g。同类食物互换如表 2－1 所示。

表 2－1 同类食物互换表

谷类	稻米、小麦、小米、大麦、燕麦、荞麦、玉米、高粱
杂豆	红豆、绿豆、花豆、蚕豆、豌豆
薯类	马铃薯、红薯、芋头、山药
蔬菜	叶茎菜:油菜、菠菜、芹菜、荠菜、白菜
	茄果类:茄子、青椒、西红柿、黄瓜
	根菜类:白萝卜、胡萝卜
	水生蔬菜:海带、慈姑、菱角、藕、茭白
	菌藻类:蘑菇、木耳
	鲜豆类:菜豆、豇豆、扁豆
水果	苹果、梨、桃子、西瓜、香蕉、菠萝、橙子、芦柑、橘子
畜禽肉	鸡、鸭、鹅、猪、牛、羊
水产品	鱼、虾、蟹、贝壳
奶制品	牛奶、羊奶及其制品
蛋类	鸡蛋、鸭蛋、鹅蛋
豆制品	豆浆、豆腐、豆腐干
坚果类	花生、核桃、葵花籽、南瓜子、西瓜子、松子、扁桃仁、杏仁

平衡膳食模式是保障人体营养和健康的基础,食物多样是平衡膳食模式的基本原则。不同食物中的营养素及有益膳食成分的种类和含量不同。平衡膳食模式能最大限度地满足人体正常生长发育及各种生理活动的需要,并且可降低高血压病、心血管疾病等多种疾病的发病风险。

二、吃动平衡,健康体重

减少久坐时间,每小时起来动一动。把运动营养作为单独的一条写进指南,可见不仅要吃得对,运动起来,也是健康生活非常重要的一部分。各年龄段人群都应天天运动,保持健康体重。食不过量,控制总能量摄入,保持能量平衡。坚持日常身体活动,每周至少进行5天中等强度身体活动,累计150分钟以上;主动身体活动最好每天6 000步。

食物摄入量和身体活动量是保持能量平衡,维持健康体重的两个主要因素。如果吃得过多或者活动不足,多余的能量就会在体内以脂肪的形式积存下来,体重增加造成超重或肥胖;相反,若吃得过少或者活动量过多,会由于能量摄入不足或能量消耗过多引起体重过低或消瘦。

三、多吃蔬果、奶类和豆类

新鲜蔬菜、水果、奶类、大豆及豆制品是平衡膳食的重要组成部分。要努力做到餐餐有蔬菜,天天吃水果,蔬菜水果是维生素、矿物质、膳食纤维和植物化学物的重要来源,对提高膳食微量营养素和植物化学物的摄入量起到重要的作用,要保证每天摄入300～500g蔬菜,深色蔬菜应占1/2;保证每天摄入200～350g新鲜水果,果汁不能代替鲜果。奶类富含钙,大豆富含优质蛋白质,每天要吃各种各样的奶制品,其总量应相当于液态奶300g。经常吃豆制品。适量吃坚果。

四、适量吃鱼、禽、蛋、瘦肉

鱼、禽、蛋和瘦肉摄入要适量。每周吃鱼280～525g,畜禽肉280～525g,蛋类280～350g,平均每天摄入总量120～200g。优先选择鱼和禽类,吃鸡蛋不弃蛋黄,少吃肥肉、烟熏和腌制肉制品。目前我国多数居民摄入畜肉较多,禽和鱼类较少,对居民营养健康不利,需要调整比例。建议成人每天摄入水产类40～75g,畜禽肉类40～75g,蛋类40～50g,平均每天摄入总量120～200g。

五、少盐少油,控糖限酒

培养清淡饮食习惯,少吃高盐和油炸食品。成人每天食盐不超过6g,每天烹调油 25～30g。研究证据表明,食盐摄入过多会增加高血压发生的风险。控制添加糖的摄入量,每天摄入不超过 50g,最好控制在 25g 以下,添加糖是纯能量物质,我国居民糖的摄入主要来自加工食品,儿童青少年中,含糖饮料是添加糖的主要来源,长期过多饮用不但增加超重肥胖风险,也会引发多种慢性病,建议不喝或少喝含糖饮料。每日反式脂肪酸摄入量不超过 2g。足量饮水,成年人每天饮水 7～8 杯(1 500～1 700ml),提倡饮用白开水和茶水。水是构成人体组织和细胞的重要成分,参与人体摄入膳食后物质的代谢过程,饮水不足会影响人体的正常生理功能。酒的主要化学成分是乙醇,过量饮用会引起肝损伤,因此一般不推荐饮酒,儿童少年、孕妇、乳母不应饮酒。成人如饮酒,男性一天饮用酒的酒精量不超过 25g,女性不超过 15g。

六、杜绝浪费,兴新"食"尚

珍惜食物,按需备餐,提倡分餐不浪费。选择新鲜卫生的食物和适宜的烹调方式。食物制备生熟分开、熟食二次加热要热透。学会阅读食品标签,合理选择食品。多回家吃饭,享受食物和亲情。传承优良文化,兴饮食文明新风。食物是人类获取营养、赖以生存和发展的物质基础。勤俭节约是中华民族的传统美德。食物资源宝贵、来之不易;应尊重劳动,珍惜食物,杜绝浪费。基于我国人口众多且食物浪费问题比较突出,食源性疾病状况不容乐观。减少食物浪费、注重饮食卫生、兴饮食文明新风,对我国社会可持续发展、保障公共健康具有重要意义。

参考文献

[1] 张钧,张蕴琨.运动营养学[M].北京:高等教育出版社,2006.

[2] 王慧,刘烈刚.食品营养与精准预防[M].上海:上海交通大学出版社,2020.

[3] 博克.临床运动营养学[M].北京:世界图书出版公司,2011.

[4] 中国营养学会.中国居民膳食指南 2016[M].北京:人民卫生出版社,2016.

第二篇
运动健身与营养

第三章　跑步运动的营养特点与需求

第一节　跑步运动概述

一、短距离跑

短跑包括 60m、100m、200m 跑,属于高输出功率的极量强度范围的项目。对肌肉具有高速收缩能力并产生较大的力量。短跑速度快、时间短,加上内脏器官的惰性,短跑几乎全程在缺氧的情况下进行。根据研究测定,100m 跑全程需氧量高达 7L,因为在短跑中呼吸次数少,单次呼吸的通气量低,吸入的氧气仅约 1L 远不能满足运动需求。产生的氧债占总需氧量的近 90%,这部分氧债在运动的恢复期中由有氧代谢进行补偿。停止极量运动后休息时的呼吸频率可达每分钟 40 次,每分钟总通气量约 60L,在较短的时间内即可恢复。

由于短跑属于速度型运动,强度大,持续时间短,从能量供应的角度看,能量的供给全由无氧代谢系统提供,其中磷酸肌酸因其在肌肉中的储量较少,只维持最初 6～8s,而乳酸能系统在之后的时间内占主体。按照不同距离进行分类,其中 100m 以下的项目主要靠 ATP-CP 供能,而 200m、400m 项目由 ATP-CP 系统和糖酵解共同提供能量。

二、中距离跑

中距离跑包括 800m 和 1 500m 两个项目,属于亚极量强度的工作,所需的肌肉负荷仅次于短跑,但持续时间比短跑长,神经中枢持续地处于兴奋的状态。中距离跑运动中每分钟需氧量为 8.5～12.5L,即使运动过程中提高呼吸频率达和呼吸深度。进入循环的氧气的量仍无法满足运动的需求,在运动后期随氧债的累计可占总需氧量的 50%～70%。因为运动时间较长,血乳酸在组织内的堆积也明显增加,血液的 pH 值呈酸性。在运动完成后,需要较长时间调节到正常状态。

中距离的能量消耗在 135kcal 以上,在炎热的环境下 1 500m 跑消耗的能量更高可达到 450kcal。整个运动过程中能量的来源是由多个供能系统共同作用的,糖酵解为首选供能系统,其持续时间在 2～3min,优秀的中距离运动员可能达到 5min,足够应对一次中距离的比赛。实际上,在运动开始前 3～5min,糖酵解系统的工作效率已经提升高于安静状态。当运动达到最大摄氧量时,糖酵解的效率是安静状态的 50 倍,随后由于血糖水平降低,糖酵解的效率逐渐下降。在运动接近尾声的时候,因氧债的持续提高,有氧代谢供能的占比逐渐升高。有氧氧化虽然能提供大量的能量,但是耗氧量更高,糖类或脂肪产生 15cal 的能量需要氧气 3.5～4L,在中距离项目中提高呼吸频率和呼吸深度并不是非常合适的技巧。因此氧化供能对于中距离运动员而言其潜力有限。

三、长距离跑

长距离跑包括了 3 000m、5 000m、10 000m 等项目,属于大运动量的项目,在长跑时肌肉的负荷低于中短距离的项目,但由于持续时间长,总的运动强度仍很高。

在长跑过程中,平均每分钟的需氧量为 4.5～6.5L,小于短跑和中跑,而且在跑步过程中运动员的呼吸频率更高,每分钟 50 次通气量可达 120～140L,所以运动中总的摄氧量更高,故其能量供应主要以有氧代谢为主。然而,氧债依然存在,且占总需氧量的 10%,长跑运动的中后期,运动员的能量消耗和氧气的摄入接近平衡的状态称为假稳定状态。

长期进行长跑训练的运动员肌细胞中线粒体的体积明显大于普通人,且线粒体酶的活性增高,反映了运动员有氧代谢能力的增强。在氧债的情况下,虽然氧气的摄入无法满足有氧代谢供能的需求,但专业运动员可在此状态保持较长的时间。

通常一个体重 70kg 的长跑运动员,每天需要 3 000～3 500kcal 的能量。运动中的能量供应绝大部分是有氧代谢供给的,糖酵解系统也有一定的比例主要满足运动中加速和冲刺的需求。糖类、脂肪和蛋白质均可通过氧化分解来实现功能,其实际动员情况有所不同,在氧气充足的情况下,糖类或脂肪甚至蛋白质可以通过氧化分解产生大量的能量,其效率比无氧代谢高,能够持续提供ATP。中长跑运动的初期,肌糖原和肝糖原储备充分的情况下,糖的氧化分解是有氧代谢的初始物质。随着运动时间和耗氧量的增加,肌糖原的储备最先被消耗,其次动用肝糖原进入血液转化为血糖继续提供糖氧化分解的原料。当肝糖原消耗后,脂肪被大量动用,并逐渐成为有氧代谢的主要供能物质。而蛋白质的供能主要发生在运动 30min 后,或者运动前糖原和脂肪储备不充分的情况下,在竞技性的大赛中运动员较少会依赖蛋白质供能,且随运动员耐力水平的提高,出现糖原及蛋白质节省化的现象。

四、马拉松及超长跑

这里将马拉松以及一些 20km 以上更长距离跑步活动归类为超长跑,这类运动的时间跨度超过了 1 小时甚至更久。长时间的能量消耗要求肌肉系统和内脏器官功能活动高度的协调,能量物质在运动组织和非运动单元之间调节稳定。其单位时间内的需氧量更低(每分钟 2~2.5L),在运动开始后的几分钟里,呼吸系统和循环系统逐步达到最高水平,氧债仅占到总能量的 3% 左右,高水平长期训练者可能更低。可以认为在此类运动中的能量的消耗与氧气摄入处于一个平衡的状态。

有氧氧化是此类运动员最主要的供能方式,占运动总能量超过 95%。运动的早期糖类是能量供应的主要物质,并逐渐被产能效率更高的脂肪所替代,蛋白质供能占比也较长距离项目高。马拉松及超长跑的总能量消耗一般在 1 500~2 800kcal,且随跑步距离的增加而增加。在不同环境下能量消耗差异较大,如在含有上下坡的路段或者在湿度高、天气炎热的环境下跑步,能量消耗明显增加。能量消耗会导致体重降低,激素的消耗也是值得注意的,运动中体内的激素储备保证了机体一直处于兴奋的状态,当超长距离运动结束后,血液中激素含量下降,运动员一般需要数天的时间通过营养补充恢复。

第二节　跑步运动的能量与营养需求

跑步运动员的营养需求主要由运动中的能量供应的方式决定,按照三种主要供能系统,将跑步运动分为两类:①短跑和中跑,这两项运动由无氧供能为主,其中磷酸肌酸系统能够维持运动前30s,糖酵解能够维持运动3～5min,无氧供能占比较小;②长跑及超长跑(包括马拉松在内),在这类跑步运动中糖类、脂肪和蛋白质的氧供能占绝对优势。

一、跑步运动与宏量营养素

1. 糖类

对于短跑运动员而言,并没有有效的证据证明赛前补充糖原有提升爆发力的作用。但在运动员训练后,适当地摄入糖类物质可以有效地恢复体力,在日常训练中对体能的恢复有一定的帮助,也可以通过糖原的超量恢复起到提高糖原储备的效果。

中长跑运动员的糖原储备则极为重要,日常的补糖可以有效地提高运动员肌糖原的储备。糖酵解和有氧氧化的能力均依赖于糖原的储备。糖原在大量消耗后的超量恢复是提高糖原储备的主要途径。研究显示,运动后补充低聚糖对增加糖原的储备有良好的作用,摄入果糖对肝糖原的补充效果最好,而葡萄糖和蔗糖可以使肌糖原的储备提升。淀粉是运动员补糖的主要来源,人体对淀粉的适应性更好且易吸收,摄入淀粉同时也含有其他营养素。推荐运动员每千克体重摄入糖8～10g,单次补糖的总量应小于60g。

2. 脂肪

脂肪占人体的总能量来源的25%～30%,低于糖类物质的供能,但与糖相比,脂肪代谢提供能量的效率要高,1g脂肪在体内氧化约产生37.5kJ的能量,是糖的2倍。相比于糖,脂肪更容易储存且储存量更大,脂肪在体内的储存形式主要是脂肪组织,一个正常体脂率的运动员储存的脂肪远高于其运动所需要的量。由于这些优势,随着运动时间的延长,运动员能量的供给中脂肪的占比会不断增加。

跑步类项目的运动员日常训练能量消耗巨大,根据训练强度1h能量消耗量为150～1 800kcal。因此,在日常的饮食中需要补充大量的高能膳食。一般情况下,膳食脂肪占总能量不超过30%。而对中长跑运动员而言,长时间低强度的运动使其经常处于脂肪代谢功能的状态,这类运动员对脂肪的利用率较普通运动员要高,血浆中的游离脂肪酸功能可占总能量的25%～50%,饮食中脂肪的占比可略高于其他项目,达到总能量的 30%～35%。同时,考虑到日常训练中运动强度的变化,在大强度训练后,可以在正常的三餐之外额外可加餐一两次以满足能量摄入。

需要注意的是,运动员在比赛前的饮食摄入,仍应遵循低脂肪饮食。脂肪在体内的消化吸收较慢,胃排空的时间长,饮食后运动能力受胃排空的影响较大。此外,脂肪消化后,脂肪的代谢产物脂肪酸会增加肝肾的负担也不利于运动表现。

3. 蛋白质

短跑运动员对于能量持续性供给的需求不高,具有高氧债、无氧代谢为主的特点。因此,短跑运动员的日常饮食中,总能量的摄入应以满足日常训练的需求为标准,无须额外增加。有研究表明,力量型运动员蛋白质供给的能量只占总能量的 10%～14%,对 200m 的短距离项目这个比例更低。短跑运动员补充蛋白质的主要目的是增加肌纤维的厚度,通过增加肌肉的横截面积提高一个动作单元受到刺激后产生的力量。配合训练以及较好的神经肌肉调节,宏观的运动表现就是速度提高。欧美的研究显示,运动员的蛋白质需求量每天应达到 2g/kg 体重。由于人种的差异,国内运动员每公斤体重蛋白质的摄入量应保持在 1.2～2g/kg 体重。蛋白质是中长跑运动员高能膳食的重要部分。耐力型运动摄入蛋白质的目的是补充能量,对应蛋白质在总能量中的占比,膳食蛋白质的摄入应占总能量摄入的 12%～15%。人体摄入蛋白质是有上限的,与糖类、脂肪不同的是,我们的身体无法储存蛋白质,普通人每 2～4 小时可以吸收利用 30g 蛋白质,多余的蛋白质会被当作废物代谢,通过肾脏排出体外。

此外,蛋白质的选择也有所讲究,在所有摄入的蛋白质中应至少有 1/3 以上的优质蛋白质,即含有人体必需氨基酸的蛋白质。饮食上,可以通过大豆类和谷物类食物混合补充植物性蛋白,而摄入牛奶、牛羊肉等富含蛋氨酸的食物,可以促进肝内脂肪代谢。人体需要 18 种氨基酸,对于成人来说,其中赖氨酸、色氨酸、苯丙氨酸、甲硫氨酸、苏氨酸、异亮氨酸、亮氨酸、缬氨酸这 8 种氨基酸是不能在体内合成而又是人体必需的,而各种食物中,各种必需氨基酸的比例是不一样的,在考虑不同的食物摄入时应需具体了解其含量搭配选用。

4. 水

长时间进行运动训练会引起缺水。当体内缺水的程度达到体重的 4% 时,血浆容量下降 16%,心脏的搏出量减少,组织处于缺血的状态。缺水还会导致出现红细胞褶缩,影响血红蛋白输送氧气的能力,引起组织缺氧,也会影响组织的正常运作。对照实验表明,在同样的工作强度下,缺水和随时补水的群体间,最大摄氧量并没有明显差异,这反映了尽管出现缺水的情况,但个体的有氧产能是不改变的。可能的原因是,单纯大负荷的运动不会由于出汗失水而影响摄氧量和心输出量,通过增加呼吸频率,心率可以补偿失水导致的组织缺血缺氧的状态,更深入的原因应该从缺血时细胞层面的改变解释。

然而,耐力运动中运动员在脱水后运动能力明显降低。肌肉的反复收缩挤压附近组织,迫使蛋白质从组织间隙向血管中移动,造成血浆蛋白浓度显著上升。由于血浆渗透压升高水分不易排出,对失水有一定的补偿作用有助于保持血浆容量。

长时间的运动中,失水是伴随着糖的消耗出现的,在糖氧化分解产生能量的同时,会释放一部分水,每储存 1g 糖原带有 2.7g 水,一旦糖原分解,这部分水也将释放出来。若运动的总消耗为 1 200kcal,糖原释放的水分接近 800ml。如果体温保持不变,消耗的能量中有 900kcal 作为热量被消耗,这意味着要发散这部分热能就需要蒸发约 1 500ml 的水。而实际从皮肤分泌的汗液要比 1 500ml 还要多。如果运动时间进一步延长,要将糖原的储存重新恢复以确保运动状态,首先需要补充原先失去的水分。

二、跑步运动与其他微量营养素

1. 铁

长跑运动员尤其是女性运动员,缺铁性贫血的发病率较高,需要额外注意补充铁元素。另一方面,因为氧气在体内的运输是通过含铁的血红蛋白实现的,极度的缺铁将影响氧气在血液中运输的能力,而血清铁含量的减少可能是这一现象的先兆。在日常饮食中应补充铁含量丰富的食物。

2. 硒

有研究发现长跑运动员补硒可以有效减少运动后疲劳状态的持续时间,这可能与硒诱导的谷胱甘肽过氧化酶的合成有关,后者是重要的抗氧化物,可以保护正常细胞膜的结构和功能免遭损害。在运动后保护肌细胞免受运动代谢产物的影响,一定程度上加强了运动后疲劳恢复的能力。同时,硒本身也可以直接清除自由基和脂质过氧化自由基从而起到保护作用。人体每天需要摄入 50mg 硒,面粉、鱼、虾等海产品,以及一些动物的内脏都含有硒。同时补充维生素 A、维生素 E 有促进硒吸收的作用。

3. 磷

磷是体内构成组织中重要细胞的原料,骨骼中的含磷量最高,其作用是在 ATP 释放能量时通过磷酸化合物贮存并转移能量。磷广泛存在于动植物中,如谷类食物、奶制品、豆类和蔬菜。

4. 维生素

维生素的种类较多,生理功能也各有差异,对运动中生物氧化的代谢过程有重要意义,能调节物质的代谢和能量的转换。维生素在体内的储量不大,部分必要维生素必须从食物中摄取。对于跑步运动员而言,维生素 E、维生素 D 是比较重要的,可分别作用于骨骼肌释放钙离子和维持肌细胞的正常工作,缺乏这两类维生素时将导致肌肉营养不良以及骨骼发育不正常的情况。

第三节　短跑运动的营养补充策略

一、赛前营养补充策略

运动员想要在比赛中获得更好的成绩,必要的营养补充是必不可少的,营养补充促进竞技能力的提高是一个长期的过程。相比赛前进行集中的营养补充,日常训练中的营养补充是更决定性的。过分依赖赛前进行集中的营养补充并不能达到理想的提高运动能力的作用。

赛前合理的饮食最重要的是保持运动员良好的竞技状态。运动员在大赛前,常处于精神高度兴奋、集中的应激状态。此时消化系统的血量减少,肠道蠕动的频率增加,消化效率降低,将出现食欲不振、腹部不适、腹泻等症状。不当的营养策略会增加消化系统的负担甚至造成消化功能紊乱,进一步导致低血糖、乏力和肌肉痉挛的不良表现,如果在赛前没有进及时纠正将直接影响大赛成绩。

二、赛后营养补充策略

剧烈的肌肉活动可导致骨骼肌肉血管扩张、血流量增加,以及内脏血管收缩、血流量减少。消化液分泌量明显下降可导致消化能力减弱。运动应激也可致胃肠道机械运动减弱,使消化能力受到抑制。因此应注意训练周期中运动与进餐的时间间隔,饱餐后不宜马上安排剧烈的运动,运动后适当休息后再进餐。赛后的食物应以糖类为主,以补充比赛时消耗的能量,首选低脂肪、易消化的食物。为促进关键酶的恢复,可以补充一些矿物质、维生素和一些微量元素。

第四节　中长跑运动的营养补充策略

一、赛前营养补充策略

中长跑运动员在训练中补糖不仅仅可以补充训练的消耗,合适的补糖更可以提高运动能力。三种糖原储备中,肌糖原在体内的含量是最大的,在耐力型运动中肌糖原也是提供能量的主要来源,因此在日常训练中就应注意肌糖原的储备。糖原超量恢复的方案是耐力性项目运动员进行糖原储备最佳化常用的方法,近年来常用的糖原补充策略:赛前 6 天进行 60min 较大运动量运动,之后 2 天每天进行 60min 运动,第 4、5 天进行 20min 运动,赛前 1 天完全休息,之后进入比赛周期。在前 3 天的膳食中糖类占总能量的 40%,后 3 天逐步增加到 70%,总摄入量为 525~600g/d。通过这种方式在赛前 1 天肌糖原的含量可以提高到 207mmol/kg,较普通饮食的运动员可提高 2 倍以上。

二、赛中营养补充策略

中长跑运动尤其是远距离持续时间长的项目,合适剂量地补糖可以提高血糖水平,减少肌糖原的消耗,从而延长耐力时间提高运动成绩。用以补糖的运动饮料的选择也有讲究,运动员在剧烈比赛中大量出汗,因失水而使体液处于高渗透性的状态,因此应选择低渗的运动补剂。跑步运动常用的补糖策略是在运动最初的 60~75min,运动员应以规律间隔(10~5min)摄入 100~150ml 低浓度低聚糖饮料(3~5g/100ml)。在运动 90min 后,摄入饮料的糖浓度应增加到 7~10g/100ml。在这之后,运动员应继续以规律的间隔(10~15min)摄取 100~150ml 饮料,每小时摄入量不应超过 800ml。

另一种更精确的补糖策略可针对运动员的个体差异控制补糖的量。原则上比赛中的补液量是运动员排汗量的 1/3～1/2,因此在制订明确的补糖计划时首先要计算运动员的排汗量,这需要运动员事先模拟比赛时的温度、湿度和场地,计算出相应的排汗量。按照排汗量确定补糖剂量,进而在真实比赛中更精准地补糖。

补糖的形式不局限于运动补剂,一些水果、巧克力等可额外提供能量的物质也有良好的效果。个人对摄取不同类型糖的反应差异也是应该考虑的因素,建议给运动员提供不同浓度、不同类型的补液,从而选择最佳的补液搭配。

三、赛后营养补充策略

长距离比赛后补糖的时间越早越好,在运动结束后即刻补糖是最佳时机。运动后的前 1h 连续补糖,运动后 6h 内糖的储备达到最大即超量恢复。运动后的补糖量为 0.76～1.0g/kg 体重,24h 内的补糖总量应达到 9～16g/kg 体重。

运动中补糖的类型应选择葡萄糖或低聚糖,因其吸收快,能够较快地转化为直接供能的肌糖原。而运动结束后的补糖,选择果糖或者淀粉类食物最理想。淀粉类食物含糖量高,但升糖指数低不会引起饭后血糖的突然变化。同时淀粉类食物含有的其他营养元素如纤维素、无机盐等也是运动员赛后恢复的重要物质。

不同于运动后补糖,长距离运动后进食的时间不应紧随运动结束立即进食。一般而言,至少间隔 30min。此时应补充矿物质、维生素、微量元素物质;为加速抗氧化酶的恢复可补充具有抗氧化性质的食物。

第四章 球类运动的营养特点与需求

第一节 球类运动概述

一、球类运动的特点及分类

球类运动是以球为介质的运动或游戏,因其参与人数众多、传播范围广、影响力大的特性堪称世界数一数二的全球性运动项目。

球类运动的起源与发展从古代就有迹可循,近代以来球类项目的丰富孕育产生于世界范围的需求创造(见表 4 - 1)。

表 4 - 1 球类运动项目起源时间与起源国家

球类项目	起源时间	起源国家
棒球	1839 年	美国
冰球	1858 年	加拿大
曲棍球	1861 年	英国
足球	1863 年	英国
水球	1869 年	英国
网球	1873 年	英国
羽毛球	1873 年	英国
垒球	1887 年	美国
乒乓球	1890 年	英国
篮球	1891 年	美国
排球	1895 年	美国

（续表）

球类项目	起源时间	起源国家
手球	1898 年	丹麦
橄榄球	19 世纪 20～80 年代	英国、美国
高尔夫球	14～15 世纪	苏格兰

依据不同的分类标准，球类运动有不同的分类形式。一种分类方式将球类运动划分为非对抗性和对抗性两类，其分类的依据是运动过程中运动员能否直接阻挠对方得分。常见的非对抗性球类运动有保龄球、高尔夫球；对抗性运动类别有足球、篮球、橄榄球、冰球、排球、乒乓球、网球等。按照田麦久教授的项群训练理论，结合球类运动的对抗特性，又可以细分为隔网对抗项群和同场对抗项群。隔网对抗项群主要包括乒乓球、羽毛球、网球、排球等；同场对抗项群主要包括篮球、足球、手球、水球、橄榄球、冰球、曲棍球等。

以球类运动的控制介质类型为标准，其结构源流存在鞠、丸两个子系统。鞠类介质体积相比较大，丸类介质可以划分肢体击打和持械击打两种形式。其中，肢体传统式击打包括冰壶球、保龄球、地掷球等；持械类包括门球、垒球、冰球、曲棍球、台球、棒球、网球、高尔夫球、羽毛球、乒乓球等。

以发力方式对球类项目进行分类。根据各项目的主要技术特征，对抗性项目大致可以划分为 3 类：击打型发力、粘连型发力和混合型发力。击打型发力主要包括乒乓球、羽毛球、网球、台球等；粘连型发力主要包括手球、篮球、水球等；混合型发力有排球、垒球、棒球、橄榄球、冰球、曲棍球、足球等（见表 4－2）。

表 4－2　球类运动项群划分

划分标准	项群名称	运动项目
对抗形式	隔网对抗	乒乓球、羽毛球、网球、排球
	同场对抗	篮球、手球、水球、橄榄球、冰球、曲棍球、足球
控制介质	肢体控制	排球、篮球、手球、水球、橄榄球、足球
	器械控制（持网拍类）	乒乓球、羽毛球、网球
	器械控制（持棍棒类）	冰球、曲棍球

（续表）

划分标准	项群名称	运动项目
	击打型发力	乒乓球、羽毛球、网球
发力方式	粘连型发力	篮球、手球、水球
	混合型发力	排球、橄榄球、冰球、曲棍球、足球

此外，根据球的体积，大致可以将球类运动分为大球类运动和小球类运动。常见的大球类运动有篮球、足球、橄榄球、排球等，此类项目具有运动强度大、运动时间长、能量消耗多等特点。需要参与运动者具备力量、灵敏度、速度、耐力等多方面的素质。常见的小球类运动有羽毛球、乒乓球、网球等，此类项目对运动者的力量、速度、灵敏度、柔韧性、爆发力等素质有较高要求。

二、球类运动基本代谢特点

球类运动具有运动形式复杂多变、运动时间长、运动强度大、排汗量大等特点，而大量排汗会导致机体的能量消耗增加，运动者排汗丢失水分的同时，还会伴随着体内钠、钾、钙等无机盐和维生素大量流失，运动者需要及时补充营养，合理的膳食不仅可以补充运动中消耗的水和能量，与运动相结合还可以使锻炼健身达到事半功倍的效果。

运动的能量代谢方式主要包括有氧供能和无氧供能。短时间、大强度的运动主要消耗机体 ATP-CP 来提供能量。长时间、小强度运动时，机体首先利用糖酵解供能，待机体糖耗竭时，动用脂肪、蛋白质来提供能量。大部分球类运动是通过有氧代谢和无氧代谢相结合来提供能量的。坚持完成整场比赛或训练主要是依靠有氧代谢来提供能量，但是也需要无氧代谢辅助供能（见表4-3）。

表4-3 无氧代谢和有氧代谢供能过程

代谢过程	直接供能物质	供能恢复的物质和代谢
无氧代谢	—	—
磷酸原系统	ATP	CP（CP＋ADP－ATP＋C）
糖酵解系统	ATP	肌糖原……乳酸

（续表）

代谢过程	直接供能物质	供能恢复的物质和代谢
有氧代谢	—	糖
有氧氧化系统	ATP	脂肪 $\}\cdots CO_2$、H_2O、尿素等 蛋白质

在足球运动中，最后的冲刺射门阶段，需要快速跑 50m 左右，此时需要通过无氧代谢中的磷酸原系统供能；当后卫助攻被抢断后又快速回追返抢（持续时间约 2min），这时动用的是糖酵解供能系统，同样也属于无氧代谢。排球运动是一项持续时间较长、体能消耗较大的运动，具有多组数、短间歇的特点，其运动代谢模式以有氧供能为基础、无氧功能为核心。

排球运动绝大部分时间是以运动员的无氧供能系统为主的，在大力发球、起跳、拦网、扣球等爆发性动作过程中以磷酸原供能系统为主，在场上快速移动接球、防守、取位、保护、配合的过程中则需要糖降解供能系统的参与，在比赛死球、激烈对抗结束、暂停、换人、赛间休息的时候由有氧代谢通过糖异生恢复进行身体的调整和能量的补充，为下一节的激烈运动做准备。

第二节 球类运动的能量与营养需求

一、糖

糖类是人体最主要的供能物质，糖类在氧气充足和无氧状况下都可以提供能量。无论是糖酵解还是糖的有氧氧化，糖类物质产生的能量都高于脂肪产生的能量。

糖类在体内的存在方式主要分为两种，一种以糖原的形式存在于肌肉和肝脏中，通常称之为肝糖原和肌糖原；另一种存在于血液中，称之为血糖。体内糖原的储备与人的运动能力密切相关，在运动时，机体会首先消耗肌糖原，当肌糖原消耗完时，就会动用血糖。同时，血糖还是大脑中枢的直接供能物质，当体内血糖浓度低时，大脑的工作会受到影响，人体的运动能力、注意力等都会降低，人体会产生中枢性疲劳。

二、脂质

脂肪是人体重要的供能物质之一,具有隔热保温,保护人体重要脏器的功能。球类运动是较为剧烈的运动,体内有一定的脂肪含量可以缓冲运动过程中的撞击,减少在运动过程中内脏器官受伤的概率。同时,脂质可以促进脂溶性维生素的吸收,如维生素 A、维生素 D、维生素 E 和维生素 K。因此,无论是出于健美需求还是减肥需求的球类健身者都应该适量摄入含有脂肪的食物。

三、蛋白质

蛋白质是人体的重要供能物质之一,人体肌肉的收缩需要蛋白质的参与,如果长期摄入蛋白质不足,可导致运动能力和免疫力下降,严重者甚至可能出现运动性贫血。此外,蛋白质还是人体组织的重要组成部分,骨骼、肌肉、神经、内脏等都含有蛋白质,篮球、足球、橄榄球等激烈的比赛容易出现肌肉损伤,及时补充蛋白质有利于受伤组织的修复。蛋白质除了具有供能及构成人体组织的功能外,还有调节人体生理功能、提高中枢神经系统兴奋性的作用,部分氨基酸(如蛋氨酸、赖氨酸等)可以帮助条件反射的建立。

四、水

无论是大球运动还是小球运动,在运动过程中,由于运动强度和运动时间的不同,运动者都会有不同程度的水分流失,而水分的流失会导致运动能力下降。在天气炎热时,长时间的运动可能会导致运动性脱水。运动性脱水是指在高温环境中运动时,机体为了维持核心体温恒定,通过大量排汗将体内多余的热量排出,体液的输出量大于摄入量,导致脱水。按照脱水量的不同可以将脱水分为:轻度脱水(丢失 1%~2%体液)、中度脱水(丢失 2%~5%体液)、严重脱水(丢失超过 5%体液)。当机体脱水时,会出现水盐代谢失衡,血脑屏障通透性发生改变,大脑部分区域血流量减少等症状。研究表明,当机体脱水超过2%时,人体的速度、力量水平等都会下降;当机体脱水超过 5%时,人体体重明显下降,可出现精神异常,严重者可导致昏迷甚至死亡。由此可见,运动中及时补水十分重要。

五、维生素

维生素在人体新陈代谢中起着非常重要的作用,维生素可以促进蛋白质的合成、提高肌肉耐力、改善血液供应。维生素 A 是视觉细胞中感受弱光的视紫红质的组成成分,球类运动中视觉十分重要,视力的好坏会影响人在球类运动中的发挥。维生素 B_1 具有促进胃酸分解和胃肠道蠕动的作用,适量补充有利于维持人体正常的消化功能。维生素 B_2 可以有效促进细胞再生长、胰岛素和生长激素的分泌,以及蛋白质的合成。维生素 C 具有抗氧化和清除自由基的作用,并且可以促进乳酸氧化,提高机体有氧代谢能力。

第三节　球类运动的营养补充策略

一、糖类的补充

球类运动健身者在锻炼时能量消耗大,其膳食供给量需根据运动量的大小调节以满足运动需求量。膳食中糖量应该占到总热量的 60%～65% 或每天每千克体重 9～10g。主食中含有大量的糖类,如米饭、面条、面包等,很多减肥者都存在一个误区:主食会导致肥胖,所以减肥时一点都不能吃。事实上,长期不摄入主食会导致低血糖,而低血糖又会导致头晕、冒冷汗、心情不佳等一系列症状。所以即使是在减脂期,也需要每天摄入一定量的糖类,减脂期可以选择糙米、燕麦片、玉米、全麦面包、番薯等食物,不仅饱腹感强,含有的营养素还更加广泛。运动强度比较大的人,除了在一日三餐中摄取糖,还可以在运动间歇补充含有葡萄糖、果糖或低聚糖的运动饮料。

二、脂肪的补充

脂肪的摄入量一般应占总摄入量的 20%～30%,需要减脂的人可适当减少摄入量,具体可依据运动强度和个体需求进行调整。建议进行球类运动者适量摄入优质脂肪,如乳制品类(牛奶、酸奶、奶酪等)、坚果类(核桃、碧根果、芝麻、花生等)、蔬果类(牛油果等)、肉类(深海鱼肉等)。优质脂肪主要是指含多种单不饱和脂肪酸、多不饱和脂肪酸的食物,它能维持身体激素的水平,辅助营养素的吸收,而且增加优质脂肪的摄入,有助于增加饱腹感,降低糖类的代谢速度。

三、蛋白质的补充

由于球类运动多数是以比赛的形式进行的,而比赛时人往往神经高度紧张,因此更应该注意蛋白质的补充。建议球类运动健身者蛋白质的摄入量占总摄入量的 12%～15% 或每千克体重 1.2～2.0g。蛋白质的补充除了要足量,还要注意蛋白质的"质",即优质蛋白质,优质蛋白质需满足两个条件:①含有人体必需的 9 种氨基酸且配比合理;②容易被人体吸收;含优质蛋白质的食物有肉类(瘦猪肉、鱼肉、蛋清等)、乳制品类(牛奶等)、豆类及豆制品、坚果类(葵花籽、芝麻等)。

四、水的补充

脱水是间歇性运动引起疲劳与运动能力下降的主要原因,而球类运动往往都伴随着大量的出汗,为了防止出现脱水现象,运动者应注意及时补液。补液应选用低糖、等渗的饮料,不宜饮用含咖啡因和乙醇的饮料。补液应该遵循"少量多次"的原则,运动者可以在运动前、运动中、运动后分别补液,运动前 30～120min 进行补液,若是在高温环境中运动,应适量补充糖、电解质等以维持体内的酸碱平衡,在炎热天气中运动时,补液温度以 5～15℃ 为宜;运动中每隔15～20min 进行一次补液;在运动后需要补液 100～200ml,一般情况下以每小时不超过 800ml 为宜,注意防止暴饮。

五、维生素的补充

维生素对运动员的新陈代谢有着十分重要的作用,球类运动健身者应该养成良好的饮食习惯,控制饮食营养均衡,多吃水果和蔬菜,这不但有利于运动性疲劳的恢复,还有利于保持良好的身材。富含维生素的食物有新鲜水果、深色蔬菜、动物肝脏、深海鱼类和瘦肉等。

六、无机盐的补充

随着运动过程中汗液的挥发,体内的无机盐也会随之丢失。因此,需要适量补充一些含无机盐的饮料。此外,部分微量元素也发挥着十分重要的作用。例如,铜、锰可以延缓疲劳的出现,增强机体的代谢能力;锌具有促进机体对自由基的清除并抑制其产生,修复受损的免疫细胞的功能。富含锌的食物有瘦肉、牛肉、羊肉、豆制品、芹菜等。

参考文献

[1] 王顺堂.球类运动在中国的传播及其原因[J].沈阳体育学院学报,2004,23(5):681-683.

[2] 田麦久.项群训练理论[M].北京:人民体育出版社,1998.

[3] 曾玉华,许万林,鱼飞.介质对抗类运动项目的概念与家族特征研究[J].体育科学,2014,34(7):83-91.

[4] 杨建营.对抗类运动项目的分类(按发力方式)及其理论贡献[J].上海体育学院学报,2010,34(5):80-83,93.

[5] 周玉立.球类运动比赛节奏研究[D].兰州:西北师范大学,2018.

[6] 张志成,王庆然,周千惠.关于运动员供能特征研究的理论综述[J].长春师范大学学报,2014,33(4):114-117.

[7] 马士龙,魏婷.排球运动代谢特点与运动训练监控探究[J].运动,2018(10):36-37.

[8] 张祥意.足球运动员的营养补充[J].当代体育科技,2019,9(19):18-19.

[9] 李荣华.篮球运动员的疲劳消除与运动营养[J].体育科技文献通报,2017,25(2):137-138.

[10] 王朝格,翁锡全.高温环境下运动脱水及补液策略[J].中国体育教练员,2019,27(3):30-31.

[11] 凌彦婷.营养在排球项目中的作用探究[J].青少年体育,2018(10):124-125.

第五章　水中运动的营养特点与需求

第一节　水中运动概述

　　水中运动很好地将陆上运动与水的特性相结合,是促进和缓解人体运动功能障碍的一种非常科学、实用的手段。水中运动顾名思义,就是指在水中进行运动。液体和气体对浸入其中的物体会产生向上的托力,在物理学中将这种向上的托力称为浮力。当人体在水中时,则表现为水作用于人体的与重力方向相反的力。由于重力与浮力的作用,身体在水中会产生旋转,直至平衡。而由于浮力的作用,伴随着水深度的不断增加,水的浮力会抵消部分人体重力的影响,同时也会减轻人体在水中关节受到的负荷,从而达到减少关节磨损情况,使水中的关节活动变得更加容易;而水的阻力大约是空气阻力的 12 倍,这种阻力可能会减慢锻炼者的运动速度,增大运动者的消耗。除此以外,水和人体的温度差也会导致人体的热量消耗增加。常见的水中运动除了游泳、跳水以外,还包括:水中行走/水中跑步、水中芭蕾、水中搏击、水中健身操、水中瑜伽、水中康复以及水中力量训练等。

第二节　水中运动的能量与营养需求

　　水中运动主要在水里进行,由于水的阻力比空气大很多,而且通常泳池水温度在 20～27℃,远低于身体温度,导致人体热量散失过快,能量消耗大,因此在水中运动的能量需求较大。而且由于水的阻力,人体肌肉组织会增加的同时代谢强度也相应加大。以最常见的水中运动——游泳为例,游泳需要人体全身的肌肉进行节律性的收缩,从而对抗水的阻力,以推进人体在水中运动。研究显示,完成相同距离的运动,游泳者的能量消耗约为跑步者的 4 倍。由于在水中运动时肌肉的代谢强度加大,科学合理的营养补充对于水中运动的进行具有举足轻重的作用。

一、水中运动与宏量营养素

1. 糖类

(1)供给运动能量。糖类是水中运动过程中最主要的供能物质,运动中最直接和最快速的能量是三磷酸腺苷(ATP),但体内 ATP 的储存量很少,仅能维持几秒钟,ATP 需要不断合成。糖是剧烈运动中 ATP 再合成的主要基质,以糖原的形式分别储存于肌肉和肝脏。在无氧和有氧的情况下均能分解为 ATP 供给机体使用。

(2)水中运动的糖储备。机体的糖储备是影响运动耐久力的重要因素,研究证明,糖储备与运动能力呈正相关。且肌糖原降低与运动性疲劳和运动性损伤的发生有密切关系。大脑细胞主要靠血糖供能,且几乎没有糖储备。糖储备耗竭后,极易引起中枢性疲劳,甚至发生低血糖。膳食中糖类比例高,有利于糖原的合成和糖储备的增加。

2. 脂肪

(1)供给运动能量。与糖相比,脂肪具体重量轻、能量密度高、发热量高的特点。1g 脂肪在运动中可产生 37.6kJ(9kcal)能量,比 1g 蛋白质或 1g 糖类高一倍多。脂类物质构成一些重要生理物质,如磷脂、糖脂和胆固醇作为脂类物质,参与构成细胞膜的类脂层,胆固醇又是合成胆汁酸、维生素 D_3 和类固醇激素的原料。

(2)维持体温、保护脏器和减少在水中的阻力。一方面,脂肪不易导热,皮下脂肪层有隔热保温作用,这对于在低于体温的水中长时间运动的人来讲具有重要意义,可防止体温过分散失;另一方面,在人体重要脏器周围如心脏都有脂肪包裹,这有利于在机体进行较为剧烈的水中运动时保护脏器。此外,脂肪还可以减少自身在水中运动的阻力。

(3)增加饱腹感,防止饥饿。脂肪在胃肠道内停留时间长,所以有增加饱腹感的作用。在进行长时间水中运动时可以有效地减少饥饿感。

3. 蛋白质

(1)提供能量。蛋白质一般不作为主要能源物质,其供能比例较小,尤其是中小强度且短时间的运动。但长距离项目随着时间地推移,糖原逐步趋向消耗,蛋白质会通过糖异生途径,维持自身血糖水平的稳定。蛋白质在水中运动中供能的比例取决于水中运动的类型、强度、持续时间及体内糖原的状况。骨骼肌可选择性摄取支链氨基酸在长时间耐力型水中运动中进行氧化供能。

(2)维持细胞的生长、更新和修补。蛋白质是肌肉、内脏器官、骨骼、皮肤和红细胞等的主要组成成分,占细胞内固体成分的80%以上。高强度和大运动量的水中训练比赛可造成肌肉组织损伤,摄入适量蛋白质可修复运动中损伤的肌肉组,同时在训练刺激下产生适应变化,从而提高肌肉力量和肌肉质量。

二、水中运动与微量营养素

维生素是能够促进生长发育和维持健康的有机化合物,人体对他们的需求比较小,但它们对细胞内的特殊代谢反应非常重要。游泳运动员对各类维生素的需要量较多,一方面是由于训练时代谢消耗较多,另一方面充足的维生素可改善机体工作能力,提高运动表现,减少伤病的发生。水中运动导致机体代谢加强加快。维生素作为能量代谢辅助因子,及时、适量供应会有利于产生能量并改善神经系统功能,从而满足运动对机体代谢能力的要求。

第三节　水中运动的营养补充策略

最常见的水中运动是游泳,经常游泳的人膳食营养应注意以下几点:①摄入复合糖类,占每天总能量供给的55%~65%;②蛋白质摄入量占每天总摄入量的15%~20%;③适量补充脂肪;④补充适量的维生素;⑤喝足够的水,并适量补充无机盐,维持体内水平衡;⑥摄入的能量不能超过一天总代谢能量,以维持理想体重。

一、糖类的补充

糖类是运动中主要的供能物质,运动中糖原储备不足时会出现眩晕、恶心、饥饿、反应迟钝、肌肉酸痛、动作缓慢等不良现象。因此,进行水中运动的人必须摄入足量的糖类,每天糖类补充量应占总摄取量的55%~65%,游泳运动员的补糖原则是:每天至少按8g/kg体重的标准摄入糖。例如,一个体重60kg的运动员每天要摄入最少 480g 糖类。普通健身人群可根据自身体力消耗情况，适量增减糖类的摄取量。食物中糖类的主要来源主要包括五谷类和根茎类（土豆、红薯等）。

二、脂肪的补充

随着游泳距离和持续时间的延长，供氧改善使得脂肪供能比例逐渐增加，另外，由于水中运动需要长时间待在比人体皮肤温度低很多的水中，身体需要一定脂肪维持体温。因此，进行水中运动的人群饮食中脂肪的需求量应该高于其他运动项目。例如，游泳运动员每日的脂肪摄入量占摄入总能量的 30%～35%，对于一般运动人群，尤其是希望通过水上运动减轻体重的人群可适当减少脂类物质摄入量。含脂肪较多的食物包括动物类（肉类等）和植物类（坚果等）。

三、蛋白质的补充

游泳锻炼要求一定的力量与耐力素质，膳食中需要含有丰富的蛋白，蛋白质可以从饮食中获得，食物中的蛋白质主要来自动物性蛋白（如各种肉类、蛋类、鱼类等）和植物性蛋白（如豆类和谷类），但是通过饮食摄入大量蛋白质的同时往往会带进大量的脂肪，由于摄入过多脂肪会导致机体脂肪含量增加，运动能力下降。因此，在这种情况下应注意多摄入一些优质蛋白质，除了增加膳食中优质蛋白质的摄入以外（多吃鱼、虾、瘦牛肉、瘦羊肉等），还可以补充一些乳清蛋白。

四、维生素的补充

维生素是维持身体成长与正常生命活动所必需的一组物质，运动时体内维生素的周转率变快，加上运动时大量排汗，运动后也需要适量补充维生素。

表 5-1　常见维生素含量一览表

维生素名称	可溶性	相关食物
维生素 A	脂溶性	水果类（如梨、苹果、枇杷、樱桃等），蔬菜类（如胡萝卜、大白菜、荠菜等），谷类（如绿豆、大米、胡桃仁等），动物类（如动物肝脏等）

（续表）

维生素名称	可溶性	相关食物
维生素 B$_1$	水溶性	蔬菜类（如香菜、黄瓜、胡萝卜等），水果类（如猕猴桃、香蕉、葡萄等），谷类（如全麦面粉、大麦和小麦），薯类
维生素 B$_2$	水溶性	动物的内脏（如肝脏、肺脏），蔬菜类（如紫菜、海带、蘑菇、菠菜、油菜、白菜等）
维生素 C	水溶性	蔬菜类（如辣椒、菠菜、白菜、莴笋等），水果类（如猕猴桃，橘子、橙子、苹果等）
维生素 D	脂溶性	肝、鱼肝油、奶油、奶酪、蛋黄等
维生素 E	脂溶性	豆类和谷类（如杏仁、核桃、黄豆、黑豆），蔬菜类（如菠菜、卷心菜、南瓜等），水果类（如香蕉），鱼类，肉类，乳制品（如牛奶、羊奶、奶酪等）
维生素 K	脂溶性	水果类（如胡萝卜、南瓜、青菜），乳制品（如酸奶酪、干酪、奶等）

研究显示,维生素具有维持体力和提高机体运动耐力的功能,维生素不能通过自身合成,只能从外界获取,机体内维生素 C 的含量与人的有氧运动能力相关,体内维生素 C 含量较高的人最大耗氧量比体内维生素 C 含量低的人高,而补充了维生素 C 以后机体最大耗氧量的个体差异性明显缩小;而维生素 E 是一种抗氧化剂,可以有效减少由于肌肉收缩导致的运动损伤,增强机体耐受力,改善循环,维生素还 E 可以减少水中氯元素对运动员皮肤的损害。为了提高运动耐力和防止运动损伤,水中运动员的日常膳食中可以适当增加富含维生素 C 和维生素 E 的食物摄入。

五、水的补充

在高温高湿情况下进行大强度运动,人体大量出汗而未及时补液出现运动性脱水现象,与一般在陆地上进行的运动不同的是游泳运动员每天在水中花费大量时间进行训练,在水中进行运动时出汗可能会因为周围水环境的影响而更不容易被察觉到,从而忽视水对运动员的营养作用。为了防止脱水现象的出现,应该在进行水中运动前、中、后及时补液,使机体水分达到平衡,补水的原则是少量多次和适量补充无机盐。

参考文献

［1］李敏.优秀游泳运动员营养膳食素养的观察与研究［D］.北京:北京体育大学,2015.

［2］程泽鹏.青少年游泳运动员营养调查及营养指导的效果研究［D］.上海:上海体育学院,2019.

［3］陈吉棣.运动员营养［M］.北京:人民教育出版社,2000.

［4］Paschalis V，Theodorou A A，Kyparos A，et al. Low vitamin C values are linked with decreased physical performance and increased oxidative stress:reversal by vitamin C supplementation［J］. Eur J Nutr，2016，55(1):45－53.

［5］Woolf K，Manore M M. B-vitamins and exercise:does exercise alter requirements［J］? Int J Sport Nutr Exerc Metab,2006,16(5):453－484.

第六章　操类运动的营养特点与需求

第一节　操类运动概述

操类运动可分为竞技和健身两大类。竞技类操类运动是对所有体操项目的总称。现代奥运会体操项目设有竞技体操、艺术体操和蹦床 3 个大项,除此以外还有竞技健美操、技巧运动等非奥运会项目。竞技操类运动动作技术难度大、协调性高,具有全面性、复杂性、准确性、惊险性和艺术性的特点,要求人体具有极强的力量素质、速度素质、柔韧素质和灵敏素质,对运动员的体能、技术和心理等方面要求较高。广义的健身类操类运动是对所有以健身为目的的操舞类运动项目的总称。常见的操舞类项目传统有氧健身操舞、民族健身操舞、街舞、瑜伽、排舞、广场舞、啦啦操、体育舞蹈等。狭义的健身类操类运动是指健身操,是融体操、音乐、舞蹈于一体的追求人体健康与美的运动项目。健身操有多种风格,如一般有氧健身操、民族健身操、爵士健身操、踏板健身操、搏击健身操、瑜伽健身操等。国内外流行的健身操大致分为 6 类:①按不同年龄编制的系列健身操;②按不同性别编制的男女健身操;③按人数多少编制的单人、双人和集体健身操;④按塑造形体和改善体姿与体态的健身操;⑤按锻炼身体各个部位的健身操;⑥按以徒手或轻器械运动方式的健身操。健身类操类运动一般是多个动作的组合,动作重复性少且变化多样,要求锻炼者具有较强的力量素质、速度素质、柔韧素质以及良好的身体协调性和灵敏度,对机体的神经系统要求较高。健身操具有体育、舞蹈、音乐、美育等多种社会文化功能。

一、操类运动基本代谢特点

操类运动中体操是以无氧系统供能为主的力量型运动项目,其供能方式主要以磷酸原（ATP-CP）和糖酵解供能为主，ATP-CP 和肌糖原是主要功能物质。进行操类运动，ATP 会在 ATP 酶催化作用下迅速分解和释放能量。人体体内 ATP 浓度一旦下降，磷酸肌酸立刻分解放能，用于 ATP 的合成。在肌肉以最大强度运动 6～8s 时，磷酸肌酸成为主要的功能物质，同时糖酵解过程被激活，肌糖原分解成乳酸，参与运动时的能量供应在以最大强度运动 30～60s 时，糖酵解达到最大速率。健美操、体育舞蹈等主要以有氧供能为主，在有充足氧气的情况下，丙酮酸盐会转化为乙酰辅酶 A，进入克雷布斯循环（三羧酸循环）和电子传输系统，并生成大量 ATP、二氧化碳和水等易于排出的排泄物。

此外，操类运动多为灵巧、技巧性项群，对机体的协调运动能力要求较高，同时也需要运动员具有良好的力量、爆发力、速度及耐力。由于动作的灵敏多与人的体重大小有关，并且运动过程中需要精力的高度集中，造成运动人员长时间处于高度精神紧张状态。因此该类运动人员需要的膳食能量摄入量较低，脂肪的摄入量相对较低，但要注意维生素 B_1 和维生素 C 的补充。每天还需要钙、磷、镁、锌、铜、矿物质和微量元素，以及各种维生素，否则不能维持肌体的需要，只有搭配比例适当的营养素，才能保证人体的营养需求。

二、操类运动的益处

操类运动具有独特的风格又遵循了一般的运动规律，该类运动有助于促进呼吸，加速血液循环，提高身体神经系统的完善，能够增强身体的免疫力，完善身体器官的功能。经常参加操类运动可对不同年龄阶段的群体起到不同的锻炼作用，对于老年人而言主要体现在心脑血管疾病的预防和治疗方面，具有增强肺泡组织肌肉弹性、延缓肺泡衰老的作用，有利于增加肺活量，使安静心率下降，促进血液循环，提高心血管指数，降低血管硬化的速度；对于中学及高校学生而言，耐力素质和柔韧素质的提高较为明显，改善并促进学生的新陈代谢功能，也可使骨体增粗、骨密质增厚，使骨疏松重新组建，增强了抗折、抗弯等能力，促进学生骨骼及肌肉的生长。

第二节 操类运动的能量与营养需求

一、操类运动与宏量营养素

1. 糖类

(1)糖类是人体中最重要的供能物质,参与任何运动场合的 ATP 合成。机体日常生活、运动中所需的大部分能量都来自肝糖原和肌糖原。运动前及运动中补糖有利于运动能力的提高、延缓运动性疲劳的发生。

(2)在操类运动比赛中,首先动用的是储备较多的肌糖原、肝糖原。随着运动时间的延长,当肌糖原耗尽,同时伴随血糖下降时,肝糖原才被动员分解进入血液,肝糖原储备和血糖密切相关。研究表明训练强度、训练内容的不同所引起的神经系统兴奋性不相同,是导致血糖浓度变化的主要原因。

2. 脂肪

(1)脂肪是人体能量的主要来源,是产热量最高的一种能源物质,具有体积小、密度高和热量高的特点。每克脂肪在体内氧化可产生能量 37.6kJ(9.0kcal)。

(2)操类运动对运动人员无论是体能还是运动技能方面都有较高要求,脂肪摄入不宜过多,以免影响体重和体脂。此外,脂肪在人体内不易消化,在胃里停留时间较长,在操类运动等灵活性要求较强的运动,过多的脂肪摄入会严重影响运动能力,因此食物中脂肪的供应比例控制在30%以下。

3. 蛋白质

(1)蛋白质与人体运动能力密切相关,是机体调节、肌肉收缩、运输与储备氧气、能量代谢的主要物质。每克蛋白质在体内氧化可产生能量 16.7kJ(4.0kcal)。

(2)虽然蛋白质对提高机体的免疫能力和调节能力,增加机体的能量储备有重要作用,但也不是越多越好。摄入过量的蛋白质会增加肾的负担;对骨骼来讲,因为蛋白质的分解会促使其 pH 值偏向酸性,机体在缓冲 pH 值的同时不仅会动用体液中的钠和钙这类碱性元素,还会动员骨骼中的钙元素,因此补充过量的蛋白质会导致较多的钙损失。我国学者提出蛋白质供给量应为总能量的 12%～15%，一般为每日 1.2～2.0g/kg,在高温季节训练时蛋白质的需要量应比平时更高一些。

二、操类运动与微量营养素

1. 维生素

维生素是维持身体生长和正常生命活动所必需的一组有机化合物,是一类调节物质,在体内的代谢中起到重要作用。经常参加操类运动的人对于维生素的需求比一般人群高,因为运动使胃肠道对维生素的吸收功能降低,体内维生素的周转率加速,加之运动中的大量排汗等因素造成了机体需求的增加,因此应以适量补充为原则,对经常参加操类运动的人予以维生素的补充。

2. 矿物质和水

人体内的矿物质对于机体的代谢、内环境(如体温、酸碱度和渗透压等)、心血管功能、神经肌肉兴奋性及运动能力的维持有着重要作用。科学合理进行补充有利于维持血糖恒定、延缓运动疲劳的发生。同时要遵循"少量多次"的补液原则。

第三节　操类运动的营养补充策略

常见的操类运动有健美操、体操和体育舞蹈等,经常进行此类运动的人膳食营养应注意:

(1)三餐热能对运动能力有着重要影响,早、中、晚三餐的热能摄入的比例大致为 3∶4∶3。三大营养素供能的比例应为糖类占 55%～60%,脂肪占 25%～30%,蛋白质占 12%～15%。

(2)以摄入糖类的食物为主,有效增加体内糖原储备,以摄入淀粉类食物为主。

(3)选择蛋白质含量丰富的食物,如鱼、蛋等,每日 150～200g;增加奶及奶制品的补充,每日 250～500g。

(4)摄入大量的蔬菜、水果以保证维生素和矿物质的需求,达到提高机体协调性和柔韧性的目的;增加维生素 B_1 的补充,豆类、小米、花生、芝麻、核桃等是维生素 B_1 的主要来源。同时增加维生素 A、铁、钙的摄入量。

(5)防止脱水现象的发生,维持体内水、钠的平衡,在运动前、中、后适量地补充水或运动性饮料。

一、糖类的补充

糖类是人体内重要的供能物质,在运动前、中、后及时地补糖有利于提高运动能力,延缓运动疲劳的发生,促进疲劳的恢复。因此,进行操类运动的人群糖类每天的摄入量应该占总摄取量的 55%～60%,以富含淀粉的食物为主,如谷类、薯类和豆类。

二、脂肪的补充

由于操类运动在很大程度上对灵敏素质有着较高要求,因此脂肪的摄入不宜过多,以免影响体重和体脂。故操类运动员的膳食中要求低脂,脂肪的摄入占 25%～30%。

三、蛋白质的补充

在运动中虽然蛋白质供能较少,但氨基酸在血糖平衡中发挥着重要作用,有利于防止运动性贫血。因此,蛋白质的补充对于提高运动能力、延缓运动疲劳发挥着重要作用。操类运动膳食中蛋白质的摄入量占 12%～15%,应增加优质蛋白质的补充如动物性食品中的蛋、肉、鱼、奶及大豆蛋白。

四、维生素的补充

操类运动对神经系统要求较高,因此维生素的补充必不可少,应摄入充足的维生素 B_1、维生素 A 和维生素 C。维生素 B_1 的主要来源为豆类、小米、花生、芝麻和核桃等;维生素 C 的主要来源有猕猴桃、橙子和橘子等;维生素 A 的主要来源有胡萝卜、枇杷和苹果等。

五、矿物质和水的补充

操类运动膳食营养中要增加铁、钙等矿物质的摄入,同时在运动前、中、后及时地补充水或运动性饮料,遵循"少量多次"的原则,防止脱水现象的发生。

第七章　冰雪运动的营养特点与需求

第一节　冰雪运动概述

冰上项目共有短道速滑、速度滑冰、花样滑冰、冰壶和冰球 5 个项目。雪上项目包括高山滑雪、跳台滑雪、自由式滑雪、越野滑雪、单板滑雪、俯式冰橇、无舵雪橇、有舵雪橇、北欧两项、现代冬季两项共 10 个项目。下面介绍一下主要的冰雪项目。

一、短道速滑

短道速滑全称短跑道速度滑冰，是在周长为 111.12m 的冰道上进行的滑冰运动。19 世纪 80 年代起源于加拿大，在 1992 年第 16 届法国阿尔贝维尔冬奥会上被列为正式比赛项目。速滑一般有 9 个小项：男子 500m、1 000m、1 500m、5 000m 接力；女子 500m、1 000m、1 500m、3 000m 接力和混合团体接力。比赛规则是到达终点用时少者为胜，往往竞争十分激烈。要在项目中取得优异成绩，对运动员本身的身体素质与能力要求极高。体脂率低、较强的无氧代谢供能能力和有氧代谢供能能力、强大的爆发力等都是高水平短道速滑运动员应具备的身体素质与能力。

短道速滑是一项以无氧代谢供能为主的耐力性运动。无氧耐力可分为磷酸原供能无氧耐力、糖酵解供能无氧耐力。磷酸原供能无氧耐力的时间约为10s，而糖酵解供能无氧耐力时间为 10s 至 2min。短道速滑中 500m、1 000m、3 000m接力、5 000m 接力都属于主要由无氧耐力中磷酸原供能和糖酵解供能的项目，而 1 500m 项目需要无氧代谢和有氧代谢共同供能。短道速滑运动员需要有较好的糖酵解系统供能能力，仅仅依靠较强的磷酸原系统供能而不能维持无氧耐力,在比赛中很容易被对手超越。同时有氧代谢也是短道速滑运动员取得优异成绩必不可少的条件。有氧代谢有助于运动后疲劳的恢复以及乳酸的消除,速度滑冰运动员一天中要进行多场比赛。除了在本次比赛中需要优异的成绩,还要能迅速恢复以适应下一场比赛,所以有氧代谢能力必不可少。

在 500m 项目中,主要依靠无氧代谢供能。由于 500m 比赛用时短、强度大,快速起跑和冲刺对于取胜很关键,要求具有较强的最大无氧功率。而最大无氧功率是反映磷酸原系统供能能力的指标。所以 500m 项目中应重视运动员磷酸原供能能力的训练。同时运动员要保持高速滑行不被超越,也要求较高的平均无氧功率,反映了无氧糖酵解供能能力。1 000m 项目中,需要重视平均无氧功率,也就是无氧糖酵解能力要求更高。同时运动员需要具有快速缓解疲劳的能力。1 500m 项目中,运动员需要拥有较强的无氧耐力和有氧耐力,主要依靠糖酵解系统供能,无氧代谢为主,有氧代谢为辅。

二、速度滑冰

速度滑冰是在周长为 400m 的冰道上滑行的运动,是滑冰运动中历史最久远、开展最广泛的项目。该项目起源于荷兰,1763 年在英国首次举办 15km 速度滑冰赛,1889 年在荷兰举办首次世界冠军赛。速度滑冰一般有 14 个小项(男子 500m、1 000m、1 500m、5 000m、1 0000m、团体追逐、集体出发;女子 500m、1 000m、1 500m、3 000m、5 000m、团体追逐、集体出发)。比赛规则也是用时少者为胜,同样对运动员的速度和耐力素质要求很高。国际联盟规定,将男女 500m、1 000m 分为短距离组,男女 1500m 分为中距离组,女子 3 000m、5 000m 和男子 5 000m、10 000m 分为长距离组。短距离组要求最大速度和爆发力,需要发展磷酸原供能系统;中距离要求速度耐力,需要着重发展糖酵解系统供能能力;长距离主要与有氧耐力有关。

三、花样滑冰

花样滑冰是一项穿着冰鞋在冰上随着音乐表演的运动项目。起源于英国,又称为"冰上芭蕾"。花样滑冰在 1924 年第一届法国夏蒙尼冬奥会被列为比赛项目。花样滑冰一般共有 5 个小项(男子单人滑、女子单人滑、双人滑、冰舞、团体赛)。花样滑冰包含短节目和自由滑。花样滑冰是一项看重技术动作的运动,以技术动作完成度和动作难度为评分,得分高者获胜。

花样滑冰要求在短时间、高强度的滑行中做出表演。项目决定了运动员无氧代谢和有氧代谢需要共同供能,其中无氧代谢是核心,有氧代谢是基础。同时对于身体其他素质,如平衡、柔韧等具有较高的要求。短节目无氧供能比例更大;而自由滑中有氧供能比例更大。研究表明大部分花滑运动员次日出现尿蛋白阳性,说明花滑运动强度大,运动员第二天未完全恢复。同时运动员的尿比重偏高,说明在恢复期运动员存在缺水的情况。花样滑冰项目总体上代谢特点是无氧与有氧代谢混合代谢。

四、冰壶

冰壶又称掷冰壶,是以队为单位在冰上进行的一种投掷性竞赛项目。被誉为"冰上的国际象棋"。14世纪起源于苏格兰。冰壶在1924年第一届法国夏蒙尼冬奥会上被列入表演项目。1998年开始,冰壶被列为冬奥会正式比赛项目。冰壶一般设立3个小项:男子、女子、混合。为了减小冰壶与冰面的摩擦,比赛前要在冰面上均匀喷洒水珠。比赛每队4人,每人每局掷2次冰壶,两个队共掷16次为一局。比赛开始1名队员先掷冰壶,2名本方运动员在冰壶前方快速左右刷擦冰面,同时对方队员也可在冰壶前面刷擦干扰冰壶路线。最后一壶结束后,统计得分。在大本营内且比对方任何冰壶距圆心都近的所有冰壶都记1分。10局比赛后,得分高的队伍获胜。

由于冰壶比赛局数多,时间长,对运动员的体力要求十分高。尤其是扫冰次数较多的一垒与二垒。扫冰动作要求爆发力,运动员要具备较强的核心力量与上肢力量。同时整场比赛中也要有力量耐力、平衡能力和有氧能力。冰壶比赛的特点和技术动作决定了冰壶运动员既需要有磷酸原和无氧糖酵解供能的无氧耐力,还需要有氧供能能力提供长时间比赛的体能。

五、冰球

冰球又称"冰上曲棍球",是结合了滑冰与曲棍球的一项在冰面上集体相互对抗性运动。现代冰球起源于加拿大,在1924年第一届法国夏蒙尼冬奥会山被列为正式项目。冰球一般共有2个小项:男子冰球、女子冰球。冰球每队运动员最多20人,以及2名守门员。出场最多6人:3名前锋、2名后卫和1名守门员。每场比赛 3 局,每局 20min。比赛结束后以进球数多者为胜。

　　冰球运动与球类相比具有特殊性:较低的环境温度增加了运动员能量供应需求,冰上滑行技术以及穿着厚重的防护服都给运动员的体能提出了更高的要求。冰球不仅要求运动员移动速度快,还要求较强的体能。由于冰球比赛不停换人的规则,冰球运动是以无氧供能为主的项目且主要依靠无氧糖酵解系统供能。由于运动员穿着厚重,加上冰刀球棍,运动员在无氧供能中易产生乳酸,导致内环境紊乱,降低运动表现。主要是由于糖原不足或耗竭导致运动员出现疲劳。在运动前、中、后分别进行补糖有利于糖原的补充,提高机体耐疲劳和缓解疲劳的能力。除了补充糖原,提高运动员的有氧代谢能力也是缓解疲劳的一个方法。由于无氧代谢产生了乳酸堆积,而有氧代谢可以将乳酸清除,提高运动员的有氧代谢也有助于运动员的体力恢复。

六、高山滑雪

　　高山滑雪又称“双板滑雪”“阿尔卑斯滑雪”,是利用滑雪板和滑雪杖,沿着规定的山路滑降、转弯的一项雪上运动。高山滑雪起源于中欧的阿尔卑斯地区,在 1936 年第 4 届冬奥会正式列入比赛项目。高山滑雪比赛时用时少者为胜。高山滑雪和众多滑雪项目都是一项既要求速度又要求技术的运动。

七、有舵雪橇

　　雪车项目长期以来是冬季奥林匹克运动会的比赛项目。雪车项目又称有舵雪橇项目,该项目分为男子 2 人制、4 人制和女子 2 人制。雪车项目在首届法国夏蒙尼冬季奥林匹克运动会中成为正式比赛项目。4 人制由 1 名驾驶员、2 名推手和 1 名刹车手组成,2 人制中无推手,只有 1 名驾驶员和 1 名刹车手。有舵雪橇比赛分启动、跳入雪车、滑行和制动 4 个阶段。启动阶段:出发信号 60s 内,有舵雪橇受运动员手推 50m 达到初始速度;跳入雪车阶段:运动员逐一按顺序跳入有舵雪橇内呈坐姿滑行;滑行阶段:驾驶员控制转向系统操纵方向,避免入弯道碰撞赛道损失速度,刹车手保持身体平衡、稳定重心、减小阻力;制动阶段:有舵雪橇冲过终点线后,刹车手操控刹车手柄减速。

　　雪上项目中,越野滑雪长距离属于有氧型运动;越野滑雪中长距离、冬季两项属于有氧和无氧混合型运动;越野滑雪短距离、高山滑雪、自由式滑雪、单板滑雪属于无氧糖酵解型运动;北欧两项、跳台滑雪、雪橇属于无氧磷酸原型运动。

第二节 冰雪运动的能量与营养需求

运动员在冰天雪地的寒冷极端环境下面临的最重要的营养挑战包括能量消耗增加、肌肉和肝糖原利用加速、体液流失加剧、体温转换增加。然而,由于生理和体质特征、能量和基质需求以及环境训练和比赛条件的不同,冬季运动的营养需求差异很大。大多数冬季运动员都有一个共同点,那就是体格相对较瘦,而且需要高强度的训练,因此他们需要更多的能量和营养摄入,同时在训练前、训练中和训练后都需要足够的食物和液体。对于参加长距离项目的越野滑雪运动员、以减轻体重为目标的冰雪运动员以及那些重复参加资格赛和预赛的冬季运动员来说,摄入合理的营养和能量从而对运动成绩有所助益是最具挑战性的。这些运动员需要确保在整个比赛中糖类的供应。最后,冬季运动员可以从饮食和运动补充剂中获益,但是,如果考虑补充剂,则应注意安全性和有效性。

一、海拔

一旦上升到高海拔,能量消耗就会增加。在 4 300m 处,与海平面相比,基础代谢率平均增加 10%～17%。高原暴露常常伴随着体重减轻,平均每周 1.4kg。在海拔 3 500m 的地方,抑制食欲也有助于减肥。能量不足导致的体重减轻增加了蛋白质作为新陈代谢燃料的使用,导致负氮平衡和肌肉组织的损失。将能量摄入量与增加的能量需求相匹配可以最大限度地减少体重损失,并至少在受控实验室实验中将氮平衡维持在 4 300m。此外,在能量缺乏的状态下补充糖类可以改善在高原的表现。因此,如果消耗足够的能量和糖类,在高原训练的运动员可以保持体重和肌肉质量。与海平面相比,高海拔地区的底物利用转变为更多地利用静息和运动时的血糖,这是因为缺氧增加了葡萄糖转运蛋白4(GLUT4)的表达。主要使用血糖,而不伴随肌肉糖原的节约效应,这对在这些环境下训练的运动员来说是一个挑战,因为葡萄糖和糖原很快就成为一种有限的燃料来源。在新陈代谢方面,女性对海拔高度的反应与男性不同,在休息和次极量运动时更多地依赖脂肪作为燃料,而在海拔高度使用较少的血糖和糖原。

在暴露于高原的早期,血浆容量减少,导致血红蛋白浓度升高。随着持续暴露,红细胞质量增加。促红细胞生成素负责从骨髓中产生和释放网织红细胞,这有助于增加红细胞质量、血容量和增强携氧能力。铁是血红蛋白不可或缺的一部分,因此铁储备不足的个体很难产生足够数量和成熟的红细胞。在高原暴露时,低铁储存会干扰有效的血液学适应。由于依赖雪地进行专项训练,许多冬季运动运动员自然会暴露在海拔高度。北欧滑雪者和长道速滑运动员经常使用高实况/低训练策略,在中等海拔(2 000～2 500m)睡觉和在较低海拔(1 500m)训练3～4周,以优化血液适应能力,提高海平面运动能力。高空暴露会导致全身水分的减少。此外,通风的增加和大气湿度的降低可导致海拔地区呼吸水分的更大损失。海拔上的呼吸水分损失可能是海平面的2倍;除了汗水和尿液损失外,24h呼吸水损失的理论计算接近1L/d。男性呼吸系统失水量可高达每天1.9L,女性高达每天850ml。有研究建议运动员在高原训练中的液体摄入量为每天4～5L,而更高的建议可能适用于越野滑雪运动员。

二、寒冷

在寒冷中进行冷作业可能会增加能源需求。这种增加主要取决于体温调节是否能通过防护服、生理反应(如血管收缩和外周组织血流量减少)或运动产生的代谢热来维持皮肤和核心温度。除环境温度外,包括风寒、紫外线辐射和湿度等因素也会影响在寒冷环境中防御核心温度的生理应变。当冷暴露严重到足以引起颤抖反应时,能量需求就会上升,至少会使新陈代谢产热增加一倍,以维持核心温度。很少有冬季运动运动员在寒冷的训练中会感到发抖,因为他们能够保持核心温度。然而,如果发生颤抖,糖类的氧化就会升高。在寒冷环境中运动时,个人体重通常会减轻3%～8%。其原因包括大量汗水流失、呼吸水丢失、冷诱导的利尿、口渴减弱以及获得液体的机会有限等,最终导致缺水。寒冷可能会导致更多的水而不是溶质的流失,这可能导致轻微的血管收缩和更严重和更长时间的冷应激。

综上所述,冬季运动运动员在开始训练时需要考虑寒冷和海拔对能量消耗、摄入的营养物质选择和液体损失的累积影响,同时要保持良好的状态。高原和寒冷地区冬季运动员的能量需要量为:中度体力活动 45~55kcal/(kg·d),重度体力活动 53~68kcal·kg/(kg·d)。一些冬季运动是在室内冰上竞技场和(或)海平面上进行的。对于这些运动员来说,营养方面的意义应该集中在维持能量和糖类供应以及液体平衡的类似概念上。

三、冬季运动项目运动员的身体素质

冬季运动特定营养问题涵盖了所有的体质,因为运动项目在生理需求和运动模式上都是独一无二的。更高或更长的跳跃会获得更高的分数和(或)技术优势,而轻盈和苗条有助于跳跃。在越野滑雪中,体重较轻的滑雪者在坡道和滑行较差的赛道上可能会有优势,而体重较重的滑雪者在平坦的赛道上可能会有优势。越野滑雪短跑项目已经将重点转移到更瘦的体重和力量上。高山滑雪者、滑雪板运动员和雪橇运动员可以利用重力提高速度。精瘦和肌肉发达的体格在冰球运动员和速滑运动员中也很常见。与其他冬季运动一样,长道速滑运动员的体质发生了变化,运动员变得更瘦、更强壮。在冬季运动中,实现并保持较低的体重和(或)苗条体型是一个重要的问题,但可能会带来严重的健康后果。海拔和寒冷的影响可能会导致糖原耗竭和低血糖,增加受伤风险。限制进食也可能影响训练适应,并可能对生殖和骨骼健康产生负面影响。虽然在几项冬季运动中都存在对体质的担忧和饮食失调的高风险,但它们在花样滑冰、自由式空中技巧、越野滑雪、冬季两项和跳台滑雪/北欧组合中最高。

第三节　冰雪运动的营养补充策略

一、日常训练期间营养补充策略

冰雪项目运动员在完成一次训练后,运动员往往会感到筋疲力尽,其主要原因是能力消耗量过大,表现出一种缺乏营养的状态。此时,应当为运动员提供合理的糖原以及维生素补充,从而恢复其体能。补充糖原时应当遵循的原则:运动员在每次日常训练结束后,第一时间摄入糖类溶液,并且保证每 1 千克体重对应补充 2g 的葡萄糖。严格控制葡萄糖的浓度,同时,更加科学地补充膳食营养,从而更有利于对糖原的储备,让运动员快速恢复体能。

此外,在冰雪项目运动员整个身体能量的补充中,维生素作为运动员代谢过程中的辅酶,有助于运动员训练时生理所需的生化反应。冰雪项目运动员在训练期间的需求量较大,通常情况下运动员所需的维生素主要包括维生素 B 和维生素 C,有助于运动员身体细胞的新陈代谢。在正常膳食营养中,运动员很少缺乏维生素,但实际情况中对于运动员的维生素补充是十分必要的。由于在长期训练过程中,许多运动员的食物补充不合理,或饮食习惯出现问题,会导致维生素的快速流失。因此,针对冰雪项目运动员的膳食营养制订应当借助少量复合维生素的补充,从而帮助运动员预防维生素缺失的问题,进而增加运动员的心理优势。同时,在补充维生素时,还应当遵循最小和最佳剂量的原则,规范维生素的使用。

冬季项目运动员的力量素质也是限制比赛成绩的关键因素之一,运动员为保证良好的肌肉力量水平必须摄入充足的蛋白质,推荐每天的摄入量为 1.2～1.6g/kg,补充的形式以膳食补充为主,营养品补充为辅。对于蛋白质摄入的要求较为严格,如果队员食欲偏差,建议推荐队员服用乳清蛋白粉,乳清蛋白粉的最佳服用时间为运动后 30min 以内,服用量为 30g/d。脂肪是机体主要的储存能量的物质,合理的体脂百分比是运动员提高运动表现的关键限制因素之一,运动员的合理脂肪含量为 8.6%±1.9%,运动员每天的脂肪摄入推荐值为 0.8～1.5g/kg。另外短道速滑项目运动员要着重发展磷酸原供能系统供能能力。因此营养补充可以适当加入肌酸,肌酸的推荐摄入量为 3～5g,注意服用肌酸后要增加饮水。

二、赛前营养补充策略

在冰雪项目比赛前的 1 周内,教练会要求所有冰雪项目运动员聚集在一起,督促运动员进行大量的耐力训练,从而消耗运动员身体内本身的糖原储备。在耐力训练结束后,为满足运动员膳食均衡,教练还会要求运动员补充多样化的饮食,使用低糖、高脂肪以及高蛋白的食物。同时,在赛前 2 天,增加运动员体内的糖原储备量,但这种方法会造成运动员出现严重的疲劳感,进而影响比赛效果。因此,在比赛前教练应当减少对运动员的耐力训练量,并保证运动员的糖类摄入量达到原来的 45% 左右即可。在补充糖类的过程中还可适当摄入少量运动饮料,实现肌糖原的储备量达到原始目标的 50% 即可。同时,运动员若想保持更加充足的体力与精神,不仅要有强大的意志力,同时还应当具备更加强健的身体素质。冰雪项目运动员的比赛结果是否良好,不仅与运动过程中的全力以赴息息相关,同时与膳食营养之间有着密不可分的联系,这就要求运动员在赛前有节制地补充膳食营养。通常情况下,在超过 2.5h 的连续性运动后,运动员的糖类基本消耗完毕,此时需要进行及时的补充。为了更好地补充膳食营养,运动员可以在运动后的 20min 内,开始补充糖类并按照营养补充规律适量补充。

三、赛中营养补充策略

冬季项目在赛中要注重补液。由于比赛环境温度很低,运动员在运动中会出现体温升高而导致排汗量升高,引起脱水及体内维生素以及电解质的流失。电解质的流失会导致神经肌肉的兴奋传递出现障碍,导致肌肉力量和控制能力下降,从而导致运动能力下降。因此,比赛中补液不仅要维持机体良好的水合状态,还要富含维生素和矿物质。

此外,比赛中补糖也很重要。冬季项目运动员运动训练过程中的能量供应主要来源于机体储存的糖的分解代谢。体内糖的储备非常有限,如冰球、越野滑雪等项目,能量消耗是安静状态的 10 倍以上,训练过程中可能因能量供应不足而导致运动能力下降,影响训练比赛,因此必须注意在比赛中补糖。研究表明,补充低聚糖可以避免血糖的过度波动,增加机体糖原储备,提高运动能力,推荐使用低聚糖固体运动饮料,运动训练前将固体低聚糖溶于 500ml 左右水中,分别在运动前、中、后饮用。

四、赛后营养补充策略

运动员训练以及比赛过程中不仅会消耗大量的能量物质,还会有大量的代谢产物堆积,另外机械应力还会造成一部分肌纤维的微细损伤,而且运动员训练比赛的特点需要运动员在尽可能短的时间内快速恢复。因此,训练和频繁比赛中快速恢复成为影响运动员成绩的关键因素之一。促进恢复最首要的任务是促进糖原的恢复和体液平衡。因此,比赛后或者训练后适量加餐和补液是非常重要的,尽量在训练比赛后 30min 内摄入。此外,无论是在训练期间还是在赛前,都需要注意食物均衡的营养补充,增加蔬菜类膳食的摄入,在降低脂肪含量高的膳食摄入的同时不能忽视对肉类的摄取量,否则会引起铁、锌以及维生素 B_{12} 等元素的严重不足。肉类能够直接补充运动员所需的维生素 B_{12},对于运动员的体能具有一定的促进作用,可以产生血红细胞,从而不断促进运动员在运动过程中的神经细胞功能,为冰雪项目比赛的成功打下坚定的体能基础。对于女子冰雪项目运动员而言,特殊时期会流失大量的铁元素,而流失的铁元素量远远超过了膳食摄入的量。因此,这一阶段的女子冰雪项目运动员还需要注重对多种肉类和蔬菜的补充,防止出现贫血导致体能降低。

参考文献

[1] 李刚.从平昌冬奥会看我国冰上项目发展的新路径[J].冰雪运动,2018,40(4):1-5.

[2] 杨志亭.我国优秀男子短道速滑运动员体能特征及评价标准研究[D].长春:东北师范大学.2020

[3] 王月华,杨明.国家速度滑冰队有氧及无氧运动能力解析[J].成都体育学院学报,2021,47(5):13-17+23.

[4] 姚一鸣,邱俊强.花样滑冰项目比赛强度及项目特点研究[J].当代体育科技,2018,8(11):219-221.

[5] 李洪臣,余秋彤,代函芷,等.备战北京冬奥会中国冰壶队专项体能训练设计[J].冰雪运动,2020,42(3):1-7.

[6] 王继雅,姜燕,吴迪,等.冰球运动员运动疲劳恢复途径研究[J].冰雪体育创新研究,2021,(16):17-18.

[7] 庄薇,邵恩,朱志强,等.基于世界级运动员身体形态、机能及素质特征的雪上项目冠军模型研究[J].体育科学,2018,38(10):80-88.

[8] Chapman R F, Stickford J L, Levine B D. Altitude training considerations for the winter sport athlete[J]. Experiment Physiol, 2010, 95:411-421.

[9] 李思武.冬季运动项目运动员的营养补充[J].中国学校体育,2018,1:61.

第三篇
运动营养与慢性疾病

第八章　运动营养与骨质疏松

第一节　骨质疏松症与健康

骨质疏松症（osteoporosis）是多种原因引起的一组骨病,导致骨密度和骨质量下降,骨微结构破坏,造成骨脆性增加,从而容易发生骨折的全身性骨病。发病多缓慢,个别人较快,以骨骼疼痛、易骨折为特征,实验室检查基本正常。病理解剖可见骨皮质菲薄,骨小梁稀疏萎缩。骨质疏松症常见于老年人和绝经后的女性,然而 2018 年国家卫生健康委员会发布的骨质疏松症流行病学调查结果显示我国低骨量(骨质疏松高危人群)也存在人数众多的现象,我国两项大学生的研究显示骨量偏低率也达到 27.976% 和 26.8%,国外的研究显示大学生低骨量的发病率已高达 34.9% 和 37.1%,骨质疏松表现为越来越年轻化。而青春期是骨量积累的关键时期,良好的积累有利于预防中老年时骨量的下降,因此提高青春期的骨量和骨密度十分重要。

一、诊断标准

临床上用于诊断骨质疏松症的通用指标是发生脆性骨折或骨密度低下。

1. 双能 X 线吸收法

双能 X 线吸收法是基于 DXA 骨密度测量结果和(或)脆性骨折基础上,新增基于脆性骨折的诊断判断标准。骨质疏松症的诊断标准,符合以下 3 条中之一者:①髋部或椎体脆性骨折;②DXA 测定的中轴骨骨密度或桡骨远端 1/3 骨密度的 T 值≤−2.5;③骨密度测量符合骨量减少(−2.5<T 值<−1.0)＋股骨近端、骨盆或前臂远端发生的脆性骨折。临床上推荐的测量部位是第 1～4 腰椎、总髋部和股骨颈。

T 值＝(测定值－同性别同种族正常成人骨峰值)/正常成人骨密度标准差

2. 骨密度测定

该测定是目前诊断骨质疏松症、预测骨质疏松性骨折风险、检测自然病程以及评价药物干预效果的最佳定量指标。诊断时要结合临床情况进行分析。例如,绝经后妇女、老年人、有脆性骨折史或脆性骨折家族史、各种原因引起的性激素低下的成人、X 线摄片已有骨质疏松改变及有影响骨矿物质代谢的疾病和药物史者等。

二、影响因素

1. 遗传因素

遗传在骨量获得上起着重要作用,在一项家系调查中,46%～62%的骨密度由遗传决定;

2. 种族、年龄、性别和药物因素

许多研究表明骨量在不同种族中的分布由高到低依次为黑种人、白种人、黄种人。根据《中国健康人群皮质骨和松质骨骨量变化的研究》,骨密度在 35 岁左右达到峰值,之后呈下降趋势,且女性骨密度水平普遍低于男性。药物的服用(如类固醇、某些抗癫痫药物)同样会使骨密度降低。

3. 内分泌因素

雌激素水平对骨量维持至关重要,体现为绝经后的女性骨质流失迅速;

4. 不健康的生活方式

体力活动少、过量饮酒、吸烟、饮过多含咖啡因的饮料、营养失衡、蛋白质摄入不足、钙和(或)维生素 D 缺乏、高钠饮食和体重过低。

三、危害

1. 疼痛

腰背部的疼痛往往是最先发生的症状,早期一般疼痛症状较轻、持续时间短,常发生在安静状态开始活动时,如晨起起床、翻身、坐下后开始站立。后期表现为腰背部的疼痛时间增长,典型症状表现为卧床休息后明显减轻,站立位时显著加重。

2. 身高萎缩和驼背

骨由皮质骨和松质骨构成,绝经后的女性骨质流失主要体现在内层负责弹性的松质骨,当松质骨逐渐流失,脊椎的抗压及抗变形能力减弱,于是出现了身高萎缩和驼背的现象。与此同时,驼背带来的影响还有胸腔容积变小,肺呼吸通气量的下降,导致部分驼背患者出现呼吸困难、胸闷、气短、口唇发绀等体征。

3. 骨折

由骨质疏松引起的骨折较为常见、危害较大,常见的骨折部位有腕部、脊柱和髋部,给患者带来极大的痛苦,生活质量和水平急剧下降,同时由于活动受限,反过来会加重骨质进一步流失,造成恶性循环。

目前,骨质疏松尚无法根治,只能是从两条途径进行预防:①提高骨量增长期的骨峰值;②减少骨量流失。长期缺乏体力活动,以及钙和维生素 D 营养不良会导致严重的骨量丢失,导致骨质疏松和骨折的发生。因此一定的运动和膳食营养是减缓骨量丢失的有效方法。

第二节　骨质疏松的运动干预

积极运动可以有效降低骨质疏松症的发病率,保持骨骼健康状况。越早开始运动,对骨骼增强的效用发挥越早且持续效果更佳。对于儿童青少年来讲,生长发育期的体育运动有助于骨量增长,储存更多的峰值骨量。对于女性来讲,16 岁前是骨量积累的黄金时期,储存了 80%～90% 的成年峰值骨量,其中近 50% 的骨量是在月经初潮前后 4 年积累的。女性大约在 18 岁时获得骨质量峰值,在 20～30 岁之间保持增长。对于老年人来讲,运动可以减少骨量流失。绝经后女性骨量和肌力的年损失分别为 0.5% 和 2.5%。然而,持续的体力活动对骨骼会产生有益影响,可以减少骨质流失,联合或单独使用抗阻训练和负重运动可预防绝经后骨质流失。因此,运动有助于骨骼健康,越早运动效果越佳。力量训练、有氧训练、形体锻炼、平衡锻炼以及它们的组合方式,对于骨强度增加及骨质损失减少有益。

一、力量训练

力量锻炼主要针对身体的主要大肌肉群,如上背部、胸部、肩部、上肢(肱二头肌和肱三头肌)、下肢(腘绳肌和股四头肌)和小腿肌肉等。研究发现,肌肉力量与骨密度成正相关,腰背肌、股四头肌力量越强对应得胸椎和股骨胫的骨密度越高。常见的力量锻炼部位有背部肌肉、肩部肌肉、腿部肌肉,可以利用多种方式进行抗阻运动,如弹力带、负重、自重、抗阻练习器材等。推荐的运动方案如下。

(1)肩部肌肉锻炼:站姿推举、坐姿哑铃推举、哑铃耸肩和杠铃片前平举。运动强度和频率为 8～12RM(repetition maximum,最大重复次数或重量),3～4 组。

(2)背部肌肉锻炼:引体向上、杠铃划船、硬拉和哑铃俯身划船等。

(3)引体向上:力竭/3 组,组间隔 2min。

(4)杠铃划船和哑铃俯身划船:8～12RM/4 组,组间隔 90s。

(5)硬拉:6～8RM/4 组,组间隔 2min。

(6)臀腿肌肉锻炼:自由深蹲、杠铃箭蹲和哑铃提踵。运动强度和频率为 8～12RM,3～4 组。

二、有氧训练

有氧训练有利于增强骨量与骨强度。在一项对健康绝经女性的研究中,以靶心率 100～110 次/分,每次 30～40min,每周 5 次的慢跑锻炼方案持续 6 个月骨密度和骨强度均得到了提高。研究表明,慢跑、健身操/舞蹈类、球类运动(如羽毛球、篮球等)、民族传统体育类(太极拳、健身气功等)通过在运动过程中产生的应力作用于骨骼,促进骨密度与骨量的增强。然而过低的运动频率、时间和强度不能产生积极的影响,因此要以中等强度、每次运动时间大于 30min 和每周 3 次以上的频率进行运动。有氧运动频率为每周至少 5 天进行有氧训练。

三、形体锻炼

形体锻炼可以练习背部肌肉。当背部肌肉变薄弱时,容易出现驼背(背部弯曲)。练习这些肌肉有助于伸展背部,改善姿势,从而保护脊柱。形体锻炼应该长期坚持,每天练习 5～10min。另外,在日常活动中要注意站姿坐姿,同时避免过度旋转、向前弯曲等动作以及仰卧起坐等"圆背运动"和跳跃、跑步、高冲击性健美操等运动方式。

四、平衡锻炼

良好的平衡能力有助于防止跌倒。有 4 种锻炼方式可以改善平衡:减少支撑面的练习(直线走)、打破平衡后做出反应的练习(闭眼站立)、移动重心的练习(抛接球)、稳定肌肉的练习(太极拳或其他舞蹈动作)。平衡练习简单易行,应该每天都做,建议在日常活动和日常锻炼中加入平衡练习。

第三节　骨质疏松的饮食营养

一、膳食营养方案

(1)注意合理膳食营养,保持膳食平衡。

(2)多食用富含钙、磷的食品,但要注意钙、磷的比例,钙与磷合适的比例为 1.5∶1~2∶1。富含钙、磷的食品有鱼、虾、海带、牛奶、乳制品、鸡蛋、豆类、粗杂粮、芝麻、瓜子、绿色蔬菜等。

(3)坚持不挑食,不偏食。

(4)坚持科学的饮食习惯,多接受日光浴。

(5)不吸烟、不喝酒,少喝咖啡、浓茶及含碳酸的饮料,少吃糖和食盐,以免影响钙、磷的吸收。

(6)锻炼后不宜摄入过多动物性蛋白质,因为锻炼后体内酸度增加,蛋白质摄入过多也使尿呈酸性,可增加钙的排泄。

(7)在锻炼过程中,要重点随访有遗传基因的高危人群,此类人群要增加钙强化食品的摄入,做到早期防治。

二、营养补剂

和骨质疏松症相关的主要营养素是钙、维生素 D 和磷等,根据《原发性骨质疏松症诊疗指南(2017)》,对钙剂和维生素 D 的使用量进行了确定。

1. 钙剂

我国居民膳食中一大营养问题,就是钙的摄入量一直远远低于推荐量,成人推荐量为 800mg/d,而摄入量却只有 400mg/d 左右。不同时期骨骼所需的钙含量如表 8-1 所示。

表 8-1 中国营养学会膳食钙参考摄入量

年龄段	参考摄入量（mg/d）
<6 个月	200
7～12 个月	250
1～3 岁	600
4～6 岁	800
7～10 岁	1 000
11～13 岁	1 200
14～17 岁	1 000
18～49 岁	800
>50 岁	1 000

2. 维生素 D

维生素 D 在用于骨质疏松症防治时,剂量可为 800～1 200U/d,膳食维生素 D 参考摄入量如表 8-2 所示。

表 8-2 中国营养学会膳食维生素 D 参考摄入量

年龄段	推荐摄入量（U/d）
<65 岁	400
≥65 岁	600
孕期、哺乳期	400

参考文献

[1] 王素芳,穆敏,赵艳,等.合肥市大学新生膳食模式及其与骨密度的关系[J].卫生研究,2012,41(4):579-584.

[2] 张姝.膳食因素对河北某医学院校在校女大学生骨量水平的影响[D].石家庄:河北医科大学,2018.

[3] Reuter C,Stein C E,Vargas D M. Bone mass and body composition in

college students[J]. Rev Assoc Méd Bras,2012,58(3):328 – 334.

[4] 薛鹏,李玉坤.2017 年版《原发性骨质疏松症诊疗指南》解读[J].河北医科大学学报,2018,39(1):1 – 6.

[5] Krall E A,Dawson-Hughes B. Heritable and life-style determinants of bone mineral density[J]. J Bone Miner Res,2010,8(1):1 – 9.

[6] 刘志元,徐建华.慢跑与舞蹈对绝经后妇女骨代谢和骨密度影响的对照研究[J].中国康复医学杂志,2010,25(6):557 – 560.

[7] 邓晓琴,郑松波.运动与骨密度领域的研究热点和动态[J].成都体育学院学报,2018,44(2):109 – 115.

[8] 张钧.运动营养学[M].北京:高等教育出版社,2006.

[9] 中华医学会骨质疏松和骨矿盐疾病分会.原发性骨质疏松症诊疗指南(2017)[J].中华骨质疏松和骨矿盐疾病杂志,2017,10(5):413 – 443.

[10] Petr M, Stastny P, Zajac A, et al. The role of peroxisome proliferator-activated receptors and their transcriptional coactivators gene variations in human trainability：A systematic review[J]. Int J Mol Sci, 2018, 19(5):1472 – 1473.

[11] Joanisse S, Nederveen J P, Snijders T, et al. Skeletal muscle regeneration, repair and remodelling in aging：the importance of muscle stem cells and vascularization[J]. Gerontology, 2017, 63(1):91 – 100.

[12] Paddon-Jones D, Sheffield-Moore M, Katsanos C S, et al. Differential stimulation of muscle protein synthesis in elderly humans following isocaloric ingestion of amino acids or whey protein[J]. Exp Gerontol, 2006, 41(2):215 – 219.

[13] Li M, Lv F, Zhang Z, et al. Establishment of a normal reference value of parathyroid hormone in a large healthy Chinese population and evaluation of its relation to bone turnover and bone mineral density[J]. Osteoporos Int, 2016, 27(5):1907 – 1916.

[14] Yoshimura Y, Wakabayashi H, Yamada M, et al. Interventions for treating sarcopenia：A systematic review and meta-analysis of

randomized controlled studies[J]. J Am Med Dir Assoc，2017，18（6）：553，e1 – 553，e16.

第九章　运动营养与肥胖

第一节　肥胖与健康

超重/肥胖(overweight/obesity)主要是由于糖类及动物性脂肪等能量物质摄取量超过了人体的消耗量,多余的物质转化为脂肪储存于体内而导致营养代谢性失衡疾病。性别不同,脂肪主要堆积部位亦不同,男性多沉积在腹部形成"苹果形"肥胖;而女性多沉积于乳房、臀部、大腿上部形成"梨形"肥胖。肥胖病也是高血压病、冠心病、高脂血症、糖尿病等多种慢病的重要病因。

一、超重/肥胖判定

根据不同的分类方法,超重/肥胖判定标准也不相同,目前常用的有标准体重、体重指数(body mass index,BMI)、腰围、腰臀比等。

1. 标准体重

计算公式如下。

(1)身高<165cm 以下:标准体重(kg)=身高(cm)−100。

(2)身高 165cm~175cm:标准体重(kg)=身高(cm)−105。

(3)身高>175cm:标准体重(kg)=身高(cm)−110。

2. 体重指数

体重指数(kg/m^2)=体重(kg)/$[身高(m)]^2$。在判断肥胖程度时,使用这个指标的目的在于消除不同身高对体重指数的影响,以便于人群或个体间比较。世界卫生组织(WHO)对 BMI 的划分标准如表 9-1 所示。

表 9-1　成人 BMI 的划分标准（WHO）

分类	BMI(kg/m²)	健康风险
低体重（营养不足）	<18.5	增加
正常范围	18.5~24.9	在平均范围
超重	≥25.0	
肥胖前状态	25.0~29.9	增加
一级肥胖	30.0~34.9	
二级肥胖	35.0~39.9	
三级肥胖	≥40.0	

3. 腰围

腰围（waist circumference）是指腰部周径的长度，是目前公认的衡量腹部脂肪堆积程度的最简单、实用的指标。腰围测量方法：受检者自然站立，在水平位髂前上棘与第 12 肋下缘连线的中点测定。腰围结合 BMI 可以很好地估计肥胖与多种慢病的关系。我国成年男性腰围＞94 厘米，女性腰围＞80 厘米，即认为是肥胖。

4. 腰臀比

臀围测量方法：前经耻骨联合，两侧经股骨大转子，后经臀部最突出的围度测定，精确到 0.1cm。每项指标均测量 2 次，取均值；若 2 次测量结果相差超过 0.5cm，再做第 3 次测量。评价标准为：男生腰臀比≥0.90，则认为存在肥胖；女生腰臀比≥0.85，则认为存在肥胖。

二、引起肥胖的因素

1. 遗传因素

肥胖往往是由遗传和环境因素共同作用导致的，遗传因素对肥胖的影响不容小觑，与肥胖有关的遗传因素主要涉及 DNA 甲基化、组蛋白修饰和 RNA 对基因转录后水平的调控等。

2. 饮食因素

每日的饮食对于是否会发生肥胖具有重要的影响，每日饮食摄入食物的类型、摄入食物的热量以及活动量都会影响到体重。长期的不良的饮食方式和饮食习惯(如摄入量过多、饮食营养不均衡、偏爱高油脂饮食等)均会导致肥胖的发生。

3. 体力活动因素

除了饮食因素外,个人的活动量也是影响体重的一个重要因素,如果长期的活动消耗量小于饮食热入量,将会导致体重增加。事实上,在节奏快、压力高的今天,缺少运动已成为一个较为普遍的现象,很多人由于缺少运动,都长期处于一种亚健康状态。这类情况在白领和学生中尤为严重,久坐、长期伏案办公、用交通工具代替步行等不利于健康的工作方式不仅会导致肥胖,还可能会带来颈肩部疾病、腰部疼痛等一系列问题。

三、肥胖的危害

肥胖会带来一系列的健康问题,包括生理和心理问题。研究表明,肥胖会影响呼吸系统功能,脂肪组织堆积于主要呼吸肌肉集中的地方,如腹部和膈肌,使膈肌上抬,潮气量减少,肺容量下降,氧分压降低,严重者甚至出现低氧血症。此外,肥胖还与高血压病、高血脂、糖尿病等疾病挂钩。

《中国成人超重和肥胖症预防控制指南》中提出对中国成人判断超重和肥胖程度的界限值,并结合腰围来判断相关疾病的危险度,其建议如表 9-2。

表 9-2　中国成人超重/肥胖体重指数和腰围界限值与相关疾病 * 危险的关系

分类	BMI（kg/m²）	腰围(cm)		
		男：＜85 女：＜80	男：85～95 女：80～90	男：≥95 女：≥90
体重过低 **	＜18.5	—	—	—
体重正常	18.5～23.9	—	增加	高
超重	24.0～27.9	增加	高	极高
肥胖	≥28	高	极高	极高

* 相关疾病指高血压病、糖尿病、血脂异常和危险因素聚集

** 体重过低可能预示有其他健康问题

肥胖除了会带来生理上的问题,还会影响心理健康。研究表明,超重、肥胖人群普遍存在心理健康问题,他们缺乏自信,社会适应存在障碍,很多肥胖者会

有自卑情绪,这种负面情绪会让他们很难接受自己,甚至产生自暴自弃的想法。

第二节　肥胖的运动干预

一、运动对肥胖的影响及机制

运动对肥胖的影响取决于运动方式、运动强度、运动时间、运动频率和运动总量。2013 年美国关于成年人肥胖管理指南指出:减肥及维持体重/防止减肥后体重反弹需增加有氧运动时间及频率,至少需达到每周 150min,同时需要提高运动强度,达到每周持续 200～300min 的高强度运动。

二、运动减肥的机制

机体进行中等强度、时间较短(几十秒)的运动时,主要依靠分解肌肉中的快速供能物质(ATP)提供能量,但分解的 ATP 很快会被消耗完,若继续运动,机体会以糖和脂肪的有氧代谢为主要供能手段,脂肪的有氧代谢供能比例随着运动时间的增长而增加,最高可达总消耗量的 85%,故长时间进行中等强度的运动有利于脂肪的消耗。

三、运动处方

减肥运动的效果取决于消耗能量的多寡。因此,减肥运动强调长期锻炼,增加运动总时间。如果我们把运动、饮食控制和行为修正相辅运用,消除消耗热量少、摄取热量多的主因,肥胖问题是可以迎刃而解的。

为了保证运动方案具有个体性原则,建议以运动处方的形式来规划每日运动。运动处方最早是由美国生理学家 Karpovieh 提出,他认为"运动处方是符合个人状况的运动程序,类似于医生给患者开的医药处方"。1975 年,ACSM 出版的《ACSM 运动测试与运动处方指南》将运动处方定义为:运动处方是包括身体活动的运动类型、运动时间、运动强度、运动频率。1995 年,美国运动医学学会为了更好地推行运动处方,提出一个运动处方的建议"FITTP",它的内容包括:频率(frequency)、强度(intensity)、时间(time)、方式(type)、进度(progression)。

1. 运动方式

为了减少运动损伤和机体疲劳的尽快恢复,每次的运动可分为准备运动(热身运动)、运动锻炼、整理运动三部分。

建议采用有氧运动和无氧运动结合的方式,常见的全身性有氧运动包括:慢跑、游泳、骑自行车、健身操、跳舞等,无氧运动主要采用力量训练,研究表明,在安静状态下,相同质量的肌肉消耗的能量是脂肪的 15 倍,所以增加机体肌肉量有利于调高机体基础代谢率,更利于减肥;力量训练分为静态力量训练和动态力量训练,常见的静态力量训练有靠墙静蹲、平板支撑等;动态力量训练包括举杠铃、哑铃等。

2. 运动强度

通常根据最大摄氧量和最高心率来计算运动强度,运动强度＝(运动中心率－安静时心率)/(最大心率－安静时心率),最大心率＝220－实际年龄。具体运动强度与心率关系参见表 9 - 3。有研究表明肥胖者在 25% $VO_2 max$ 左右即最大心率的 50% 的运动强度下,脂肪供能比例最高,这也间接说明低强度、长时间的有氧运动更有利于减脂。

表 9 - 3　运动强度与心率关系参照表

最高心率%	$VO_2 max$%
50	25
60	42
70	56
80	70
90	83
100	100

3. 运动频率

建议每周 4～5 次,可根据自身情况进行安排,但不能少于 3 次/周。

4. 运动时间

每次需运动 30～60min,可根据减肥的不同阶段以及个体体质而决定,但每次不可低于 30min(不包括热身运动和整理运动)。

5. 注意事项

(1)注意防止运动损伤。在运动前做好热身,运动后及时拉伸等均有利于防止运动损伤的出现,除此以外,还能增强减肥的效果。

(2)运动中及时补水。由于我们体内的代谢活动都是在体液中进行的,体液缺失影响到脂肪的代谢速率,所以要及时补充水分,切忌等到口渴再喝水。

(3)运动量需循序渐进。由于个人的体质存在差异,所以在刚开始运动时,不可盲目追求大运动量,可根据个人体力的变化情况缓缓增加。

(4)运动需坚持。减肥是一个任重而道远的过程,需要人具有足够的毅力和决心,需做好长期坚持的准备。

第三节　肥胖的饮食营养

运动锻炼与饮食结合的减体重措施,效果好于单独限制饮食。因此,最好通过运动锻炼和饮食限制,共同造成能量负平衡,二者各占能量负平衡的50%。

一、膳食模式:

1. 限能量平衡膳食

限能量膳食模式有以下3种类型:

(1)在目标摄入量基础上减少30%～50%。

(2)在目标摄入量基础上每日减少500kcal左右。

(3)每日总摄入量控制在1 000～1 500kcal。

限能量膳食模式具有减轻体重、降低脂肪含量的作用,采用以下推荐可增加限能量膳食模式减重效果:①保证蛋白质摄入量达到1.2～1.5g/kg体重;②使用大豆蛋白部分代替酪蛋白;③控制脂肪摄入量占总摄入量的20%～30%;④控制碳水化合物摄入量占总摄入量的40%～55%;⑤多摄入高膳食纤维的食物,如:水果、蔬菜、粗粮等;⑥适当补充维生素D制剂和钙;⑦适当增加富含 ω-3 多不饱和脂肪酸的摄入;⑧采用营养代餐模式的限能量膳食模式更有助于减轻体重。

2. 高蛋白膳食模式

高蛋白膳食模式是指蛋白质的摄取量占总摄取量的20%以上,或者至少在 1.5g/kg 以上。

研究证明,接受 6 个月高蛋白膳食治疗的肥胖者比同样接受 6 个月正常蛋白质饮食者的体重下降更明显,1 年后随诊显示高蛋白膳食者比对照组多降低了 10%的腹部脂肪;研究表明,采用高蛋白膳食的肥胖人群比采用高糖水膳食的肥胖人群体重下降更多。对于单纯性肥胖及合并高三酯甘油血症、高胆固醇患者来说,高蛋白膳食较正常膳食更有利于减轻体重以及改善血脂情况,并能有效控制患者减重后的体重反弹。但肥胖合并慢性肾病患者应慎重选择高蛋白膳食模式。

3. 轻断食模式

轻断食模式也称间歇式断食 5∶2 模式,即 1 周内 5 天正常进食,其他 2 天（非连续）则摄取平常的 1/4 能量的饮食模式（男性 600kcal/d,女性 500kcal/d）。

有研究者对 519 例门诊患者进行断食治疗,78%的患者体重下降超过 18.2kg,男性平均每周减重 2.1kg,女性平均每周减重 1.3kg,大多数患者能接受该方案且无明显不良反应。轻断食模式有益于体重的控制和代谢的改善,其在控制体重的同时,或可通过改善代谢和炎性反应来间歇增加体重控制获益,同时,也有利于增加糖尿病、心脑血管疾病及其他慢性疾病的治疗获益。

二、膳食举措

1. 摄入热量应低于消耗量

一般认为每周减轻体重 0.5～1.0 千克是比较适宜的,但不宜超过 1kg。而且所减少的体重基本上是来自减少体内的脂肪组织,减少 1kg 脂肪组织相当于亏空 33.48kJ 热量。因此为了每周减轻 0.5～1kg 体重,每天的热量摄入大约应比需要量少 2.09～4.18kJ。降体重措施的持续时间可根据体重减轻多少等具体情况而定,一般为一个半月,也可以持续 3 个月。当体重减轻至适宜体重后,热量摄入就应与需要量保持平衡。

2. 调整膳食结构

增加摄入食物的多样性,以保证减肥期间营养均衡。减少主食和含油脂多的副食,增加蔬菜、水果以及含蛋白质丰富（如鱼、鸡、蛋豆制品等）的副食。要改掉平时嗜好吃零食的习惯。每日三餐比例应调整为早餐 30%～40%,午餐 40%,晚餐 20%～30%。

3. 供给充足的蛋白质、无机盐和维生素

降低热量摄入是通过减少食物中的糖和脂肪来实现的,而蛋白质、无机盐和维生素的供给应充分,不能因减体重而引起缺乏。常见的富含蛋白质的食物包括鱼、家禽、鸡蛋、牛奶、大豆等。成人每日摄入量:鱼、虾每日 50～75g,鸡蛋1 个,家禽肉类 45～75g。减肥期间增加蛋白质的摄入有利于增加饱腹感、提高机体代谢率、增强机体免疫力等。必要时可适当补充维生素和无机盐制剂,避免由于节食造成的维生素摄入不足。

4. 不限制饮水

通过限制饮水减轻体重的效果是暂时的和不巩固的,而且长期限制饮水对身体不利,成人每天需饮水 7～8 杯(1 500～1 800ml),且推荐饮用白开水或纯净水,尽量少喝含糖饮料以及酒。

5. 增加富含膳食纤维的摄入

研究表明,长期摄入大量纤维素的人肥胖率较低,这是因为摄入定量的纤维素能起到以下作用:①能增强人的饱腹感,从而减少其他食物的摄入;②促进肠胃蠕动,加快粪便排出;③减少能量吸收。

6. 合理膳食,调整肠道菌群

肠道中影响体重的两类菌群主要为厚壁菌门(胖菌)和拟杆菌门(瘦菌)。大量研究表明,人体肠道菌群具有明显的个体差异性,研究显示,肥胖者肠道中厚壁菌门/拟杆菌门比例远远高于体重正常者,而拟杆菌数量较体重正常者少;研究发现肥胖者肠道中厚壁菌门数量激增,拟杆菌门数量则相对减少。我们可以在日常饮食中增加益生菌的摄入,从而调整肠道菌群。例如,增加摄入富含鱼油、乳清蛋白的食物,可以促进肠道的通透性的增加,从而预防肥胖的发生。

低能量是减肥膳食的基本特征。提供能量的营养素有糖类、脂肪和蛋白质,降低能量主要是降低脂肪和糖类的摄入量,而保持蛋白质的摄入量。锻炼者通过加强运动监控体重,必须促进机体骨骼肌质量的增加,又由于总能量摄入不足,使一些蛋白质参与供能,这就导致机体对蛋白质需要量增加。因此,可根据减肥者的情况、运动量和减重目标,科学合理地调整食物结构,使减肥膳食达到低能量、低脂肪、适量优质蛋白质和多糖类的基本要求,这样既满足人体对营养素的需要,又要让能量处于负平衡,迫使身体脂肪动员氧化供能,引起脂肪组织减少,体重下降。因此,要减少烹饪用油、油炸和高脂肉类食品,降低脂肪

比例。同时还要适量减少甜点和谷类食物,降低糖类,以减少总能量的摄入。要保持一定量的奶制品、海产品和大豆制品,保证优质蛋白质的摄入。

此外,低能量膳食需要关注的营养素还有维生素、矿物质和膳食纤维。适量增加蔬菜、水果和粗粮,可增加维生素、矿物质和膳食纤维的摄入量;注意选择一些营养素强化的食品,必要时可适当补充维生素和矿物质的混合制剂;还可专门补充蛋白粉、膳食纤维制剂等。

参考文献

[1] 张林,胡茂清.表观遗传和肥胖[J].中国糖尿病杂志,2013,21(4):376 - 378.

[2] 闫冰,庞随军.儿童肥胖的危害研究进展[J].新乡医学院学报,2018,35(9):840 - 843.

[3] 陈栋,曾玉榕.关于运动处方的起源及发展探讨[J].湖北体育科技,2002(2):177 - 178+186.

[4] 余峰,岳晓清.力量训练应用于运动减肥领域的价值分析[J].当代体育科技,2013,3(36):19 - 20.

[5] 高升.对肥胖程度、供能比例和运动强度三者关系的探究[J].体育科技文献通报,2015,23(12):120 - 122.

[6] Kimm S Y. The role of dietary fiber in the development and treatment ofchildhood obesity[J]. Pediatrics,1995,96(5Pt2):1010 - 1014.

[7] Howarth N C,Saltzman E,Roberts S B. Dietary fiber and weight regulation[J]. Nutr Rev, 2001,59(5):129 - 39.

[8] Pereira M A,Ludwig D S. Dietary fiber and body-weight regulation. Observations and mechanisms[J]. Pediatr Clin North Am,2001,48(4):969 - 980.

[9] Ley R E,Bäckhed F,Turnbaugh P,et al. Obesity alters gut microbial ecology[J]. Proc Nati Aca Sci USA,2005,102(31):11070 - 11075.

[10] Turnbaugh P J,Bäckhed F,Fulton L,et al. Diet-induced obesity is linked to marked but reversible alterations in the mouse distal gut microbiome[J]. Cell Host Microbe,2008,3(4):213 - 223.

第十章　运动营养与糖尿病

第一节　糖尿病与健康

糖尿病(diabetes)是由遗传因素和环境因素中各种致病因子作用于机体，导致胰岛功能减退、胰岛素抵抗(insulin resistance，IR)等进而引发的糖类、蛋白质、脂肪、水、电解质等一系列代谢紊乱综合征。临床上以高血糖为主要特点，典型病例可出现多尿、多饮、多食、体重减少等表现，即"三多一少"症状。长期高血糖(糖尿病)可引起并发症，导致肾、眼、足等部位的衰竭病变，且无法治愈。糖尿病按照病因分类，主要分为1型糖尿病、2型糖尿病、妊娠期糖尿病和其他类型糖尿病。1型糖尿病是指由于胰岛细胞遭到破坏而引起胰岛素绝对量分泌不足所致的糖尿病。这类患者须依赖外源性胰岛素治疗，多发生于儿童、青少年。2型糖尿病是指原因不明并存在有不同程度胰岛 B 细胞功能障碍与胰岛素抵抗而形成的糖尿病。约 90% 以上的糖尿病属于 2 型糖尿病，多见于中老年人。妊娠期糖尿病是指在妊娠期发生的糖尿病，这类糖尿病一般分娩后恢复正常，但中老年以后发生 2 型糖尿病的风险增大。其他类型糖尿病病因和发病机制较为明确，如机体因感染、胰腺炎、胰腺癌等原因而使胰岛组织广泛破坏，进而致使胰岛素分泌不足产生糖尿病。

一、诊断标准

糖尿病诊断主要依据静脉血浆血糖，而不是毛细血管血糖水平。中华医学会糖尿病学会采用世界卫生组织公布的糖尿病诊断标准，确定了中国居民血糖正常值和糖代谢异常值(见表 10‐1)。

表 10 - 1　静脉血糖正常值、糖代谢异常及糖尿病诊断标准

糖代谢分类	空腹血糖(mmol/L)	餐后 2h 血糖(mmol/L)
正常血糖(NGR)	<6.1	<7.8
空腹血糖受损(IFG)	6.1~7.0	<7.8
糖耐量减低(IGT)	<7.0	7.8~11.1
糖尿病	≥7.0	≥11.1

来源:《中国 2 型糖尿病防治指南》(2010)

二、诱发的因素

1. 遗传因素

对糖尿病病因的遗传因素研究表明:糖尿病发病具有种族和家族遗传易感性。1 型糖尿病的病因不明,其中遗传因素的作用是肯定的。2 型糖尿病的遗传方式与 1 型糖尿病遗传不同,具有很明显的家族性。一般认为 2 型糖尿病属于染色体多基因隐性遗传,具有基础胰岛素分泌和基础胰岛素敏感性的异常。

2. 环境因素

环境可能存在病毒,对人体的攻击最终引发了糖尿病。例如,许多 1 型糖尿病患者患病前都有病毒性感染的经历,尤其像腮腺炎、脊髓灰质炎等由病毒引发的疾病,可能会对人体内部机能造成损伤,最终诱发糖尿病。

3. 年龄

年龄也是糖尿病患病的一大因素,尤其中老年人,随着生活习惯的影响,身体素质有所下降,人体分泌的胰岛素渐渐不能维持正常的血糖水平,最终导致糖尿病症状的产生。

4. 肥胖及不良生活方式

肥胖是 2 型糖尿病最重要的诱发因素之一,约 2/3 的 40 岁以上 2 型糖尿病患者于发病前体重超重 10%,女性更为显著。此外,流行病学与临床疾病研究明确表示,不良生活方式是导致 2 型糖尿病的主要原因。

5. 自身免疫系统缺陷

在环境因素和遗传因素的共同作用下,免疫系统对产生胰岛素的胰岛细胞发动攻击,即自身免疫,导致胰岛 B 细胞损伤和消失,并最终导致胰岛素分泌

减少或缺乏。

三、危害

糖尿病会引起血管和神经发生病变,从而出现各种并发症,严重威胁患者的健康和生命。

(1)中枢神经病变会使脑的老化加快,引起老年性痴呆。

(2)自主神经病变会影响多脏器的功能调节,引起腹泻、便秘、胃轻瘫、心动过速、低血压、尿失禁、尿潴留、勃起功能障碍(阳痿)、对光反射异常、多汗或少汗等一系列复杂的病变。

(3)周围神经病变会使患者痛觉丧失,受伤或患有部分疾病时无法及时发现,贻误病情。

(4)周围血管病变会使血管闭塞,血流中断,而使肢体出现溃疡甚至坏死,最终不得不截肢。

(5)糖尿病视网膜病变可使患者视力逐渐降低,直至失明。

(6)糖尿病肾病会缓慢进展为肾衰竭,需要透析或肾移植。

(7)糖尿病对血管的影响还会使各种心脑血管病、慢病发生风险增加。

此外,血糖升高会使感染难以治愈,使伤口难以愈合,给很多疾病治疗造成困难。而糖尿病及治疗导致血糖过高或过低,也可直接引起患者死亡。

饮食和运动干预是目前治疗糖尿病的有效方法之一,也是一切治疗开展的前提。糖尿病患者只有控制好自身饮食、注射胰岛素、口服降糖药,并结合适当的运动锻炼,才能取得良好的疗效,否则难以保证治疗效果。同时,患者要结合病情,随时调整饮食和运动干预方案。

第二节　糖尿病的运动干预

一、运动对糖尿病的影响及机制

运动疗法是治疗糖尿病的有效方法之一。机体在运动时需要大量能量,此时血液中的葡萄糖会被大量消耗,并且肝糖原、肌糖原会分解供能,此时葡萄糖的消耗量是平时的 20 倍。运动结束后,由于贮存在肌肉、肾脏组织中的糖原被消耗完,需要血液中的葡萄糖转化成糖原补充贮存,从而进一步降低了血浆中的葡萄糖浓度。通过运动可以提高靶细胞膜上特异性受体的亲和力、受体数目、GLUT4 的数量及活性等提高机体组织葡萄糖的利用率,从而降低血糖浓度。运动的降糖作用是胰岛素无法取代的。运动对血糖的调节作用是持续累积的,通过运动能有效减少胰岛素用药。

长期运动还可改善糖尿病患者情绪,调节自主神经系统,使运动后儿茶酚胺分泌减少,从而增加肌糖原合成和细胞内葡萄糖-6-磷酸的清除,进一步降低血糖。通过运动增加血液循环可促使胰岛素与受体接触概率增加,与受体结合量增加,受体后作用改善,从而减少胰岛素抵抗。患有糖尿病时,胰岛分泌胰岛素及脂肪细胞分泌脂肪细胞因子都处于内分泌紊乱状态,造成机体高胰岛素血症或胰岛素分泌功能障碍,高瘦素血症,抵抗素、内脂素等细胞因子分泌增多,脂联素分泌减少。运动可通过改善机体血糖、血脂等内环境而调节胰岛内分泌状态,减少胰岛素的分泌,从而降低胰岛的负荷,防止胰岛细胞凋亡的发生,起到降糖、降脂、降压的作用。此外,氧化应激在糖尿病并发症发生中起关键作用,而运动是重要的防治方法之一。运动不但能造成氧化应激,而且还能成为氧化还原的有效调节因素,其调节能力与运动方式、运动量(运动强度、持续时间、训练频率)以及组织特异性(肌肉、血管内皮、神经)等有关。运动可通过提高 SOD、GSH-Px 活性,增强糖尿病的抗氧化能力,以达到治疗或控制糖尿病的目的。

糖尿病运动疗法的实施需要针对糖尿病患者开出个性化的运动处方。运动处方是根据不同个体的身体健康状况,以处方的形式规定运动方式、时间、强度、频率及注意事项,指导其有计划、有目的、科学地锻炼,以达到提高整体机能水平或治疗的目的。

二、运动处方

1. 运动方式

建议采用有氧运动和间歇性运动相结合的方式。研究证实,有氧运动或高强度间歇运动联合抗阻运动效果优于单一运动,糖尿病前期人群不能忽视抗阻运动(注意:间歇性运动可能比持续锻炼更能提高胰岛素敏感性,但是对于有心血管病史、糖尿病并发症和年龄较大的患者,间歇性运动的安全性和有效性还有待研究)。

2. 运动强度

患者可根据自身年龄、病情、病程、运动习惯等具体情况,选择适宜强度的运动:①最低强度运动,如散步、做家务、打太极拳等;②低强度运动,如跳交谊舞、下楼梯运动、平地骑车等;③中等强度运动,如平地慢跑、划船、打羽毛球等;④高强度运动,如跳绳、游泳、举重、打篮球等。此外,高强度间歇运动对糖尿病前期患者糖脂调节作用优于中等强度持续有氧运动,可起到节约时间、提高依从性的效果,推荐身体状况较好的糖尿病前期患者尝试高强度间歇运动。

3. 运动频率

每周运动 3～5 次较为适宜,可根据每次运动量的大小而定。如果运动量较大,间歇宜稍长。如果运动量较小,且身体条件较好,运动后又不疲劳,可坚持每天运动 1～2 次。

4. 运动时间

每次运动时间约 60min,其中达到运动强度后,应坚持运动 30min。一天中较适宜运动的时间一般在早晨或下班后进行,不宜在饱餐后或饥饿时运动。

5. 注意事项

(1)切忌运动强度过大。高强度的运动会使胰岛素拮抗激素分泌增多,增加胰岛素抵抗,导致血糖增高,同时过氧化脂质分泌增加,氧化应激程度加重,加重并发症。

(2)随时监测血糖。

(3)养成规律的运动习惯。不规律的运动仅有助于运动前一餐餐后血糖的控制,而对其他时间的血糖毫无作用,血糖控制也就达不到满意的效果。

(4)避免空腹运动。有些糖尿病患者习惯早起空腹运动。可是,在患者空腹运动时,体内能量主要靠脂肪进行分解,肌肉还会分解肌糖原以供需要,由此消耗肌肉,造成肝脏负担。

(5)注意防止运动损伤。在运动前做好热身,运动后及时拉伸等均有利于防止运动损伤的出现。

6. 糖尿病运动疗法禁忌证

(1)1 型糖尿病,尤其是"脆性糖尿病"患者,由于胰岛功能几乎完全丧失,胰岛素严重缺乏,运动会使血糖升高,脂肪分解增加,在缺乏胰岛素的情况下,不能氧化分解酮体,从而增加酮症酸中毒的危险。此类患者在血糖没有得到很好控制之前,不要参加运动锻炼。

(2)近期有明显的眼底出血、视网膜剥离及青光眼者,应在病情得到有效控制后再参加运动。

(3)有糖尿病肾病,尿中有蛋白、红细胞及管型者应主动减少运动量。

(4)高血压患者。

(5)有严重的心律失常、心功能不全、心绞痛或心肌梗死者应中止运动。

(6)合并急性感染和肝肾功能不全者。

(7)尿中有酮体者禁止运动。

第三节　糖尿病的饮食营养

一、摄入适宜总热量

总热量的需要量要根据患者的年龄、性别、身高、体重、体力活动量、病情等综合因素来确定。首先要计算出每个人的标准体重,可参照下述公式:标准体重(kg)=身高(cm)−105 或标准体重(kg)=[身高(cm)−100]×0.9;女性的标准体重应再减去 2kg,也可根据年龄、性别、身高查表获得。算出标准体重后再依据每个人日常体力活动情况来估算出每千克标准体重热量需要量。根据标准体重计算出每日所需要热卡量后,还要根据患者的其他情况做相应调整:

(1)儿童、青春期、哺乳期、营养不良、消瘦以及有慢性消耗性疾病的糖尿病患者应适当放宽条件,确保每天摄入充足的热量。

(2)过于肥胖的患者,则需严格控制日常饮食,以低热量、低脂肪饮食为主;每天总热量不超过 1 500kcal,一般以每月降低 0.5～1.0kg 为宜,待接近标准体重时,再按前述方法计算每天总热量。

(3)对应用胰岛素治疗的糖尿病患者,要在 9:00～10:00 和 13:00～14:00 酌情加餐,防止发生低血糖症状。

二、参考食物的 GI 值

1. GI 值的定义

血糖生成指数(glycemic index,GI)是表示某种食物升高血糖效应与标准食品(通常为葡萄糖)升高血糖效应之比,是指人体食用一定食物后引起血糖反应的程度。它通常反映食物能够引起人体血糖升高多少的能力。

2. 食物 GI 值判断标准

当 GI 值<55 时,可认为该食物为低 GI 食物。

当 GI 值在 55～70 之间时,该食物为中等 GI 食物。

当 GI 值>70 时,该食物为高 GI 食物。

3. 不同 GI 值食物对血糖的影响

一般而言,高 GI 食物进入胃肠后消化快,吸收率高,葡萄糖释放快,葡萄糖进入血液后峰值高;低 GI 食物在胃肠中停留时间长,吸收率低,葡萄糖释放缓慢,葡萄糖进入血液后的峰值低,下降速度慢。高 GI 食物与 2 型糖尿病、妊娠糖尿病和心血管疾病发病率增高独立相关;低 GI 饮食在人体内消化和吸收更为缓慢,有益于控制餐后血糖和减少心血管疾病危险因素。

因此,参考食物 GI 值,合理安排膳食,对于调节和控制人体血糖大有好处。一般来说,只要一半的食物从高 GI 值食物替换成低 GI 值食物,就能获得显著改善血糖的效果。

三、严格控制蛋白质和脂肪的摄入量

研究显示,脂肪与蛋白质在人体代谢过程中分别有 10% 及 58% 会转化为葡萄糖,这种类型的副食食用过多,会导致患者体重上升,对糖尿病的治疗十分不利。因此,除有效控制主食外,还需对患者的副食进行合理搭配,以免对糖尿病患者的治疗带来不利影响。

含有蛋白质的食物也含有较多的饱和脂肪,如果大量食用会导致糖尿病患者罹患心脏病。因此,患者摄入蛋白质要做到适量。成人蛋白质的需要量约 1g/kg 体重。在儿童、孕妇、哺乳期妇女,以及营养不良、消瘦、有消耗性疾病的患者可适当增加至 1.5～2.0g/kg。糖尿病肾病患者应减少蛋白质摄入量,控制在 0.8g/kg,若已有肾功能不全,应摄入高质量蛋白质,摄入量应进一步减至 0.6g/kg。营养学家推荐,糖尿病患者日常饮食中蛋白质含量占总热量的 15%～20% 为宜。此外,烹饪食物的方式要尽量选择蒸煮,少油炸,以免对患者健康带来不良影响。

脂肪的能量较高,每克产热量 9kcal,约占总热量 25%,一般不超过 30%。

动物脂肪主要含饱和脂肪酸,植物油中含不饱和脂肪酸较多。糖尿病患者易患动脉粥样硬化,应以食用植物油为主,有利于控制血总胆固醇及低密度脂蛋白胆固醇水平。

四、不宜食用过多糖类

糖类是人们日常饮食的基础,富含其他营养物质如膳食纤维、维生素等,但由于糖类对人体的血糖浓度影响较大,因此糖尿病患者需将自身摄入糖类的时间进行记录,尽量选择营养丰富的糖类,并严格控制摄入量,为控制自身血糖水平提供保障。

五、清淡饮食,培养健康饮食习惯

清淡低脂饮食,不吃甜食,少食多餐减轻胰腺负担,戒烟酒,适当补充富含钾的食物可有效降低糖尿病的发生风险。

第四节　研究展望

运动疗法已经被证明能改善糖尿病患者胰岛素敏感性,降低血糖浓度、提高血糖控制能力,但是在应用和实践方面仍存在很多问题。目前国内医疗机构对运动疗法的重视程度远远不够,仅仅是把运动疗法作为健康教育和健康宣传的一部分,且医务人员自身对专业运动知识缺乏足够的了解,开出的运动处方过于模板化,缺乏针对性,没有考虑到患者的个体差异性,且患者对医生开出的处方仅是能了解相关运动的内容,缺乏系统的专业指导,最终导致患者的依从性非常低,运动疗法的实施只停留在理论层面。

目前,大多数糖尿病患者未接受营养治疗或正规糖尿病教育,大规模的、进展良好的营养试验仍然远远落后于糖尿病研究的其他领域。糖尿病患者运动疗法、营养干预尚未得到好的实施,仍以药物治疗为主,随着我国体医融合和体育医学的发展,运动疗法联合营养干预有望成为治疗糖尿病的新重点。

参考文献

[1] 中国 2 型糖尿病防治指南(2017 年版)[J].中国实用内科杂志,2018,38

(4):292-344.

[2] 白怡宁.浅谈糖尿病的成因[J].科技风,2018(2):168.

[3] 陈玉,周玲,徐耀初,等.2型糖尿病与遗传和环境因素相互关系的研究[J].中华预防医学杂志,2002(3):48-51.

[4] Cinkajzlová Anna，Mráz Miloš，Lacinová Zdeňka，et al. Angiopoietin-like protein 3 and 4 in obesity，type 2 diabetes mellitus，and malnutrition：the effect of weight reduction and realimentation[J]. Nutr Diabetes，2018，8(1):21.

[5] Sabgayda T P，Tarasov N A，Evdokushkina G N. The mortality of diabetes mellitus from the perspective of multiple causes of death：encoding problems.[J].Probl Sotsialnoi Gig Zdravookhranenniiai Istor Med，2019，27(6):1043-1048.

[6] Raghavan S，Vassy J L，Ho Y，et al. Diabetes mellitus-related all-cause and cardiovascular mortality in a national cohort of adults[J]. J Am Heart Assoc，2019，8(4)：e011295.

[7] 陈晓丽,计仁军.糖尿病病因与发病机理[J].中国现代药物应用,2008,2(24):189-190.

[8] 白嘉祥.2型糖尿病病因的治疗及并发症预防[J].医学综述,2009,15(3):452-454.

[9] 胡静秋.糖尿病的危害及如何选择合理的治疗方案[J].现代养生,2019(24):8.

[10] Liang Hua. Renal protective effects of a diet and exercise intervention in type 2 diabetic rats[J]. Biol Res Nurs，2016，18(11)：76-81.

[11] 韩铁光,杜修本,庄润森.糖尿病运动干预疗法研究现状[J].健康教育与健康促进,2020,15(3):218-220.

[12] 徐国琴,陈建才,林文弢.2型糖尿病的运动治疗机制研究进展[J].河北体育学院学报,2012,26(5):65-71.

第十一章 运动营养与肌少症

第一节 肌少症与健康

一、肌少症的定义及其评价标准

肌少症（sarcopenia）即骨骼肌减少症，是由美国 Rosenberg 教授首次提出的概念，指因持续骨骼肌量流失、强度和功能下降而引起的综合征，通常伴随机体活动受限、生活质量下降等不良后果。

骨骼肌的收缩是人体产生运动的本质，肌肉的衰老和萎缩是人体衰老的重要标志，容易引起骨折及关节损伤等问题。肌少症的患者站立困难、步履缓慢、容易跌倒发生骨折。少肌症还会影响器官功能，可能会引发心脏和肺部衰竭，甚至死亡。

欧洲老年肌少症工作组（EWGSOP）建议的肌少症诊断过程是：先通过可能的肌肉减少标准判断和发现肌少症的潜在风险，包括力量、数量和质量的降低，以及身体核心表现差。其后通过问卷和步行等活动的身体表现诊断是否为肌少症，而精确的肌肉相关测试（如握力、生物阻抗分析、腰肌横截面 CT）则用于评价肌少症的严重程度，此时可明确肌少症的诊断。

肌少症的患病率为 5%～70%，常见于老年人，这取决于年龄、性别和是否患有基础疾病。肌肉净质量减少是一种身体的疾病状态，可能有多种因素参与其发生，也可能并发出许多不同的结果。从病因看肌少症可以分为原发性肌少症和继发性肌少症两大类。原发性肌少症指与年龄相关而无其他原因的少肌症；继发性肌少症则指除了年龄以外，还有其他原因所引起的肌肉量减少，包括长期卧床、久坐不动、营养不良、恶病质等。一般来说，正常成年人在 30 岁之后均会出现骨骼肌减少的情况,每年以 1%～5% 的速度流失,女性骨骼肌减少的速度明显高于男性。50 岁以后,女性骨骼肌减少速率显著增高,直接表现为股四头肌肌力下降,甚至影响步态,出现抬腿无力、步幅变小的情况。

部分肌少症患者,尤其是老年人,同时存在肌肉质量减低和身体脂肪增加两种情况。这种与年龄有关的骨骼肌质量减少和体脂肪增加,被定义为肌少性肥胖。肌少性肥胖患者虽然体重正常,但身体构成,尤其是肌肉和脂肪比例严重失调,脂肪组织渗透进入肌肉间隙中,同样使肌肉力量和活动能力下降。

二、肌少症产生的原因

肌肉的质量和力量受年龄变化影响极大,通常青年时期保持持续的增长,在中年时期保持不变,其后随年龄的增大而减少。研究表明,男性和女性在青年时期握力保持高速地增长,男性在 30 岁、女性在 28～32 岁之间握力达到最大值。50 岁以后肌肉力量缓慢衰竭,由于峰值不同,男性在握力上随年龄下降的趋势明显快于女性,最终会处在一个相同的水平。虽然不同的生理活动对肌肉的刺激不同,肌肉力量的峰值在人群中的差异是巨大的,但是无论是生活方式、饮食、运动都难以改变肌肉力量随年龄而改变的趋势。

营养不良是老年人出现肌少症的主要病因之一,缺乏必要营养素导致的肌蛋白合成降低是肌少症发生和进展的重要原因。营养的补充对肌肉量和肌力功能具有重要影响。无论是饮食摄入量低、营养物质利用率低还是各种原因(如癌症、恶病质、甲亢)导致的营养需求量升高,均可称为营养不足。所有营养物质中以蛋白质和维生素 D 影响最大,蛋白质约占人体肌肉质量的 20%,蛋白质的代谢平衡决定了肌肉量的多少,故蛋白质的摄入量对肌少症有直接的影响。若每一餐蛋白质摄取的品质和量不均匀,会使肌肉无法有足够的代谢合成的动力。而肌少症患者除缺少蛋白质摄入外,维生素 D 不足也是重要因素。据统计,全球多数的老年人(>65 岁),均存在维生素 D 不足[25-OH(D)<30μg/L]的情况。

缺乏身体活动的老人是患肌少症的高危群体。通过回顾性研究统计了老年人每周外出活动的次数,结果表明外出活动次数少的老年人,引起正常行走的能力受损及发生骨折与跌倒风险比例较活动次数多的老年人有更高的趋势。有研究对 12 名平均年龄 65 岁,长期处于坐式生活老年男性进行了为期 12 年的跟踪研究,发现所有肌群的等速肌力都呈衰退趋势,且肌肉横断面积大小皆呈缩小趋势。普遍认为,较少的日常体力活动,将导致肌力降低及肌肉萎缩,从而使得基础代谢率和运动代谢率降低,进而加重久坐的习惯,使体重恶性循环地增加。这一过程从青年时期就可能存在,并随年龄逐步加重。

除上述三大因素外,内分泌因素亦是影响肌肉力量的重要原因。生长激素和性激素都与肌肉力量密切相关。衰老过程中生长激素的减少影响肌肉质量。维持肌肉质量涉及调节肌肉生长和萎缩的分子机制,生长激素和类胰岛素生长因子1(IGF-1)与躯体骨骼肌蛋白质代谢有关。性激素在衰老过程中下降,肌肉质量和功能逐渐丧失。雄激素是由睾丸和肾上腺分泌的类固醇激素,主要为睾酮,在20~30岁达到高峰,自30岁起,男性睾丸水平每年下降1%,而睾酮水平降低与下肢肌肉功能密切相关。

此外,出生体重、基因等都与肌肉力量呈正相关,在某些个体中,肌肉减少的情况并不受上述因素影响,因此继发性的肌少症也需要额外关注。

第二节　肌少症的运动干预

一、肌少症的运动干预机制

与年龄增长有关的运动缺乏是肌少症发生的重要因素。正常骨骼肌功能是运动的基础,骨骼肌功能状态与其线粒体相关,骨骼肌有氧运动诱导线粒体产生三磷酸腺苷(ATP)。老化过程中骨骼肌中线粒体活性氧的积累导致组织降解、骨骼肌萎缩、肌肉功能障碍和纤维组织增加。线粒体在细胞凋亡中起主要作用,可加速肌肉纤维丢失和骨骼肌萎缩。衰老过程中,老年人日常活动受限,活动耐量减少,机体长期处于低运动状态。2018年发布的《循证临床实践指南》明确建议将运动锻炼作为肌少症的主要治疗方法。肌肉功能障碍机制也可能与肌肉纤维质量和类型变化有关。从组织学角度来看,骨骼肌可分为两种主要的肌肉纤维:①Ⅰ型肌肉纤维,也称慢肌或氧化肌肉纤维,含有大量的肌红蛋白和线粒体,主要用于氧化代谢;②Ⅱ型肌肉纤维,也称快肌或糖酵解肌肉纤维,肌红蛋白和线粒体较少,主要通过糖酵解产生能量。星状细胞是源自肌肉的干细胞,肌再生过程中可被激活,分化成新的肌肉纤维和星状细胞。肌肉随年龄增加的老化损伤过程中,星状细胞数量及其募集能力下降,引起肌肉纤维数量不平衡减少,其中Ⅱ型纤维比Ⅰ型纤维下降更显著。在对老年人和年轻人的肌肉活检研究中,发现老年人中Ⅱ型肌纤维的数量和大小明显减少。

二、肌少症的运动干预方法

现阶段尚缺乏用于治疗肌少症的成熟药物,目前临床上非药物干预的方式集中于运动干预、营养干预和运动联合营养干预3个方面。而运动干预和营养干预仍是肌少症的主要干预措施之一。研究已证实运动干预、营养干预等措施可延缓老年人肌肉功能的衰退。

运动干预方式包括但不限于阻力训练、耐力训练和全身振动训练。比较三者运动训练对老年患者肌肉力量、去脂体重和身体表现的作用差异,研究结果显示阻力训练比其他干预措施更有助于肌肉力量的改善,全身振动次之。在运动联合营养干预中,不同营养成分对老年肌少症患者结局指标影响程度不同,且营养补充的增效作用有限,目前尚无足够证据确定维生素 D 对老年肌少症有效。阻力训练是指利用哑铃、弹性治疗带、体重等阻力产生骨骼肌收缩的任何体育活动,阻力训练可通过引起肌肉纤维组织增加或收缩以改善肌肉力量,其中渐进式阻力训练被认为是控制肌少症的一线治疗。阻力训练通过抵抗合成代谢性质的肥大可能是老年人调解肌肉适应性重塑的关键。研究显示抗阻运动能促使肌肉糖原与蛋白储备增加,对骨骼肌代谢与血液循环进行有效促进,进而促使骨骼肌力量增强。

而综合患者意愿和体验,并考虑老年人的其他基础慢性疾病,推荐使用包括阻力训练在内的多模式运动疗法。多模式运动疗法是指多种运动方式相组合的运动干预疗法,以有氧运动合并抗阻运动最为常见,可以有效促进心肺耐力提高。

最理想的多模式运动疗法是每周 5 次有氧运动、总运动时间大于 150min,此外每周至少还要进行 3 次持续 20～30min 的抗阻运动。在此基础上运动频率应该尽可能提高,Meta 回归显示,高容量多模式运动干预(即每组动作的重复次数)可显著增加去脂体重,老年人的去脂体重增加程度较低。需要特别注意的是,患有其他慢性疾病的老年人则要根据自身健康情况尽可能多活动。过大的力量训练负荷也可能增加老年人受伤的概率,诱发心血管疾病等危险。因此对于老年人,抗阻运动的强度和频率都需要合理安排。

近些年,低强度阻力训练加上对工作肌肉的血流阻断受到广泛的关注,这种联合训练模式可诱导肌肉肥大和力量增加,且效果与高强度阻力训练相似。研究表明,低强度腿部阻力运动,4 组 15～30 次,每次 20% 1RM(repetition maximum)伴有血流受限,运动后 3h 以上老年人的哺乳动物雷帕霉素靶蛋白(mTOR)信号磷酸化和肌蛋白合成增加约 56%。鉴于老年肌肉中的肌蛋白合成对传统高强度阻力运动的反应较年轻人更低,低强度血流限制阻力运动对老年肌少症患者具有显著的吸引力。

第三节　肌少症的饮食营养

肌肉含量的稳定主要依赖肌蛋白合成与分解的代谢平衡。研究显示肌蛋白合成依靠 mTOR 信号通路的激活,使其下游的真核启动因子 4E 结合蛋白(4E-BP1)和 70 S 核糖体 S6 激酶(p70S6K)发生磷酸化,从而启动蛋白质翻译和合成。因亮氨酸及其代谢产物 β-羟基-β-甲基丁酸盐(HMB)能直接激活 mTOR 通路具有重要作用。然而,机体随年龄增长逐渐出现蛋白"合成抵抗",分解大于合成,最终造成骨骼肌量和功能下降。

因此,经由药物进行的营养干预因素侧重于蛋白质的补充,尤其是亮氨酸、蛋白质、HMB 等的足量摄入。营养干预方式可分为肠内营养及肠外营养,肠内营养可通过口服和管饲给予。管饲与肠外营养操作不便、并发症多,不便于医院以外开展。存在营养不良或营养风险的肌少症患者在自由进食的同时,可进行口服营养补充。

一、补充蛋白质

对老年人肌肉质量和肌肉力量的维持,需要保证充足的蛋白质摄入。老年人群体的代谢效率下降,与年轻人比较,需要额外补充更多的蛋白质以进行肌肉蛋白质合成。蛋白质补充物可增加肌少症患者的体重、体重指数及瘦体重质量。富含蛋白质的制剂可弥补老年人日常饮食中蛋白质摄入的不足,从而维持和增加肌肉质量及力量。不同类型的蛋白质促进肌肉合成的功效有差别。

酪蛋白是一种含有磷、钙的结合蛋白,在胃肠道中分解缓慢,相较于乳清蛋白,可使机体得到持续、缓慢的氨基酸供应,从而增加蛋白质的身体吸收和利用率,是目前临床上很多口服营养补充剂的营养素来源。对肌肉蛋白合成的短期随机对照试验结果表明,乳清蛋白增加机体肌肉蛋白质合成作用比酪蛋白更强,是目前临床上很多口服营养补充剂的营养素来源。

与酪蛋白相比,乳清蛋白具有较强的抗消化特性,其机制可能与更快的消化动力学和循环氨基酸的大量出现有关。乳清蛋白富含亮氨酸和谷氨酰胺,因其快速消化,是最优质的蛋白质之一,具有促进肌肉蛋白合成的能力。对合并糖尿病或应激下血糖升高的肌少症患者选用大豆蛋白更为适合,在补充相同质量蛋白质的同时对血糖的影响更小。

二、补充必需氨基酸

蛋白质和必需氨基酸对增加肌肉含量的作用均有众多的证据支持,但是必需氨基酸的增肌作用更突出。原则上和含乳清蛋白的食物相比,摄入必需氨基酸后刺激肌肉蛋白质的合成效应更强。一系列临床随机对照试验结果表明,口服补充必需氨基酸可有效地增加老年肌少症患者的瘦体质量,对老年肌少症有一定的治疗作用。而与必需氨基酸比较,非必需氨基酸对肌肉蛋白代谢基本无作用,只有补充必需氨基酸才可达到预防肌少症的目的。在所有氨基酸中,亮氨酸被认为是最有效的蛋白合成的刺激因子,临床上推荐的最低亮氨酸摄入量是 $55mg/(kg \cdot d)$。

由于大分子物质更能刺激肠黏膜生长、避免肠黏膜萎缩,加上氨基酸制剂大多口味欠佳,因此也有学者支持选用整蛋白制剂而非氨基酸。

三、补充三肌酸 B-羟基-β 甲基丁酸盐

补充三肌酸 B-羟基-β 甲基丁酸盐(HMB)是一种亮氨酸代谢物,已在多项研究中被证明通过刺激合成代谢信号通路和抑制肌肉蛋白水解可有效地对抗肌萎缩。正常情况下,只有 5% 左右的亮氨酸转化为 HMB,这一效率是极低的。因此,直接补充 3g/d HMB,可以最大限度地刺激 MPS。摄入 $1 \sim 2g/d$ HMB 被认为是安全的,不会对血脂、生化、肝肾功能衰竭的血液或尿液参数产生任何影响。

四、补充维生素

维生素 D 是调节钙、磷及骨代谢平衡的重要因素,对骨骼健康很重要,对肌肉健康也有潜在的重要作用。维生素 D 受体可能在肌肉纤维中表达,维生素 D 通过维生素 D 受体参与调节肌细胞的增殖和分化。维生素 D 减少与肌肉功能减退以及残疾的增加有关,补充维生素 D 可改善老年人肌肉的力量和步态。老年肌少症患者摄入含有维生素 D 的口服营养补充制剂,可改善肌肉质量和力量。血清 25-OH(D)<50nmol/L 与低瘦体重质量、低腿部力量、低腿部肌肉质量呈正相关;对肌少症患者,维生素 D 的补充应使血清 25-OH(D)的浓度维持在 50nmol/L 以上。我国人群普遍存在维生素 D 不足或缺乏,根据《肌肉衰减综合征营养与运动干预中国专家共识》推荐,肌少症患者维生素 D 的补充剂量为 $15 \sim 20 \mu g/d$(600~800U/d)。因此,我们建议老年肌少症患者可选择维生素 D 含量较高的营养制剂,当口服营养补充不能满足患者维生素 D 的需求时,可额外单独增加维生素 D 的补充。

维生素 E 可预防肌肉萎缩和促进肌肉再生,人体内维生素 E 含量的下降可增加肌肉萎缩的风险。补充维生素 E 和维生素 C 可减少氧化应激,改善肌肉功能。意大利的一项回顾性分析结果提示,补充微量元素有助于改善老年人的肌肉骨骼健康。

五、补充肌酸

在骨骼肌中,大约 2/3 的肌酸与磷酸盐结合并以磷酸肌酸(PCr)的形式储存,其余 1/3 的肌酸是游离的,以游离肌酸的形式储存。一个 70 kg 的成年人总肌酸池(PCr+游离 Cr=总肌酸)约为 120mmol/kg 干肌质量。大约 2g/d(1%~2%)的肌酸储存被分解并作为肌酐排出尿液。对于大多数个体来说,需要 1~3g/d 的外源性肌酸摄入量来维持肌酸的储存,这取决于总肌肉质量和体力活动水平。肌酸的饮食来源包括肉类、鱼类和家禽,植物中只含有微量肌酸,因此,素食主义者的骨骼肌总肌酸储备通常较低,对外源性的肌酸需求量也越高。外源性膳食摄入和内源性合成都被用来替代失去的肌酸。

六、其他营养补剂

成年人的肌肉量与膳食中多不饱和脂肪酸含量呈正相关。鱼油来源的 ω-

3 脂肪酸(n-3 多不饱和脂肪酸)可能是预防肌萎缩的一种潜在的药物。ω-3 脂肪酸是多不饱和脂肪酸的一种,补充 ω-3 脂肪酸可增加合成代谢信号蛋白的磷酸化,促进全身蛋白质合成并减弱与年龄相关的合成代谢抵抗力。持续 8 周摄入约 3g 的 ω-3 脂肪酸可能对其肌肉功能、肌肉力量和肌肉质量产生积极影响。

抗氧化补剂可减少肌肉的氧化应激损伤,对维持肌肉质量与功能有一定的作用。回顾性研究分析老年人的低血清硒水平与骨骼肌质量下降有关。由此可见,日常补充必要的营养物质之外,给予肌少症患者高抗氧化物含量的营养制剂,可使患者得到最大获益。

综上所述,对肌少症的营养补充最好能够同时包含蛋白质、必要氨基酸、维生素、脂肪酸以及多种微量营养素。尤其针对肌少症合并其他疾病的人群,更要根据具体情况改变营养补剂的选择。合并心功能不全者应选用高能配方,避免摄入过多的液体量;合并肝功能不全者宜选用含中链三酰甘油的配方;合并肾功能不全者可选用富含优质蛋白配方;慢性便秘患者则需要富含膳食纤维的配方。

第四节 运动与营养干预肌少症的联合疗法

通过 Meta 整合结果分析显示,营养干预可明显提高老年患者的膝关节活动度的最大范围;营养联合运动干预可提高下肢肌肉力量、正常步速、最大步速和膝关节伸展强度。在运动联合营养干预中,不同营养成分对老年肌少症患者结局指标影响程度不同,且营养补充的增效作用有限,目前尚缺乏长期的临床研究证明运动与营养干预对肌少症有治疗效果,但对提高肌肉含量,维持肌力仍是最优选择。

2018 年发表的关于饮食和(或)运动干预对肌肉减少症功能影响的综述中,纳入分析了 19 个高质量的临床试验。得出结论:运动干预和饮食与运动干预相结合可以持续改善下半身肌肉力量。虽然在行走速度和握力的具体活动表现上联合疗法影响不明显,但可确定的是短期 12 周的抗阻运动同时补充蛋白质和维生素 D 的联合方案是改善老年人肌肉减少症或肌无力最为有效的措施。

目前阻力训练结合氨基酸补充是预防肌少症的"金标准",运动和营养联合干预对发病早期老年肌少症患者正常日常活动均具有正向作用。抗阻训练可增加肌肉蛋白和糖原的贮备,加速骨骼肌的血液循环与代谢,增加骨骼肌的力量。抗阻运动能够导致肌肉肥大和增加肌力。足够的热量摄入是保证肌肉质量的必要条件,尤其需要足量优质蛋白质。蛋白质和氨基酸的补充能够改善肌肉量和肌力,纠正肌少症,能够使营养不良的老年人体重增加,降低病死率。

参考文献

[1] Petr M，Stastny P，Zajac A，et al. The role of peroxisome proliferator-activated receptors and their transcriptional coactivators gene variations in human trainability：A systematic review[J]. Int J Mol Sci，2018，19(5)：1472－1473.

[2] Joanisse S，Nederveen J P，Snijders T，et al. Skeletal muscle regeneration，repair and remodelling in aging：the importance of muscle stem cells and vascularization[J]. Gerontology，2017，63(1)：91－100.

[3] 程悦,罗屹惟,刘佳,等.老年肌少症患者非药物干预的证据总结[J].护理学杂志,2020,35(14):88－91.

[4] 陈姝,盛云露,齐婷,等.强化营养联合抗阻运动对老年肌少症患者躯体功能和日常生活能力的影响[J].护理学杂志,2017,32(21):8－10.

[5] Ali S，Garcia J M. Sarcopenia，cachexia and aging：diagnosis，mechanisms and therapeutic options-a mini-review[J]. Gerontology，2014，60(4)：294－305.

[6] Ham D J，Caldow M K，Lynch G S，et al. Leucine as a treatment for muscle wasting：A critical review[J]. Clin Nutr，2014，33(6)：937－945.

[7] Paddon-Jones D，Sheffield-Moore M，Katsanos C S，et al. Differential stimulation of muscle protein synthesis in elderly humans following isocaloric ingestion of amino acids or whey protein[J]. Exp Gerontol，2006，41(2)：215－219.

[8] Li M，Lv F，Zhang Z，et al. Establishment of a normal reference value of parathyroid hormone in a large healthy Chinese population and

evaluation of its relation to bone turnover and bone mineral density[J].
Osteoporos Int，2016，27(5):1907 - 1916.

[9] Yoshimura Y，Wakabayashi H，Yamada M，et al. Interventions for treating sarcopenia: A systematic review and meta-analysis of randomized controlled studies[J]. J Am Med Dir Assoc，2017，18(6): 553，e1 - 553，e16.

[10] Anton S D，Hida A，Mankowski R，et al. Nutrition and exercise in sarcopenia[J]. Curr Protein Pept Sci，2018，19(7):649 - 667.

[11] Yamada M，Kimura Y，Ishiyama D，et al. Synergistic effect of bodyweight resistance exercise and protein supplementation on skeletal muscle in sarcopenic or dynapenic older adults[J]. Geriatr Gerontol Int，2019，19(S1):429 - 437.

第十二章　运动营养与抑郁症

第一节　抑郁症与健康

抑郁症（depression），简单来说是一种心理疾病。患者常感显著而持久的心境低落，临床常见症状包括失眠、焦虑、疑心重、恐惧、神经衰弱，神经性呕吐等，严重者可能出现自杀倾向并付诸行动。世界卫生组织调查发现，全球抑郁症患者已达 3.22 亿，全球范围内约 4.3% 的人口罹患抑郁症。中国抑郁症患病率与此相当，2012 年发起的一项中国居民精神健康与疾病负担调查显示，4.1% 的人在接受调查前 1 年内患有抑郁或双向情感障碍，有 7.4% 的人曾经或正在遭受抑郁折磨。

一、抑郁症的筛查与诊断

抑郁症诊治的重要难题之一，是其一系列临床病症具有广泛性和普遍性。焦虑烦躁、悲伤低落的消极情绪和无精打采、兴趣减退或缺失的身心状态，很难判断是抑郁症的反馈还是正常的情绪波动。

1. 抑郁症的筛查

针对抑郁症的筛查，目前常用的工具主要包括患者健康问卷（PHQ）、流调用抑郁量表（CES）、贝克忧郁量表（BDI）、世界卫生组织 5 项身心健康指标（WHO-5）等。通过一定量的条目设置，对一段时间内的自身状态和感觉进行判断和自评，从而完成抑郁症的初步筛查检测。

2. 抑郁症的诊断

若筛查抑郁需要符合一定标准才可确诊。目前，我国精神障碍诊断的"金标准"依靠结构式的诊断和分类系统，主要有国际疾病分类标准（ICD）、美国

《精神疾病诊断和统计手册》（DSM）和《中国精神障碍分类与诊断标准》（CCMD）。《中国精神障碍分类与诊断标准（第 3 版）》（CCMD-3）中对抑郁发作的症状标准为持续至少 2 周以上，并需符合某些症状。DSM 列出了抑郁症的 9 大症状，符合其中的 6 项即诊断为抑郁症。

DSM-Ⅳ对严重抑郁发作的诊断标准：

（1）连续 2 周时间出现以下 5 个（或更多）症状且出现功能变化：至少有抑郁心境或兴趣、快乐缺失的其中一种症状（不包括明显因医学情况或心境不协调妄想或幻觉导致的症状）。

①由主观报告（感到忧伤或空虚）或他人观察（如流泪）表明，每天大部分时间、几乎每天都出于抑郁心境（儿童和青少年可表现为易激惹）。②每天大部分时间或几乎每天，对所有、几乎所有活动的兴趣或快乐明显减少（由主观报告或他人观察表明）。③不节食而体重明显下降或体重增加（如 1 个月体重变化 5%），几乎每天食欲减退或增加（儿童可表现为预期体重增加不足）。④几乎每天失眠或睡眠过度。⑤精神运动亢进或迟缓（不仅主观感觉坐立不安或减慢，他人也可观察到）。⑥几乎每天都感到疲乏或精力缺乏。⑦几乎每天都有无价值或过度或不相称内疚（可为妄想）感（不仅仅是对自己抑郁状态感到自责或内疚）。⑧几乎每天思考或集中注意力能力下降，或决策困难（主观报告或他人观察）。⑨反复想到死、反复出现自杀观念但无具体计划，或企图自杀或有自杀计划。

（2）症状不符合混合发作标准。

（3）症状导致临床明显痛苦或社会、职业或其他重要功能受损。

（4）症状不因物质生理作用（如药物滥用或药物治疗）或全身医学情况（如甲状腺机能减退）所致。

（5）症状不能仅用哀伤做解释，即失去爱的人，症状持续>2 个月或以明显功能受损、病态无价值观念、自杀观念、精神症状或精神运动阻滞为特性。

此外，生物学标志和神经影像等方式也被用于抑郁症辅助诊断。例如，测定人体去甲肾上腺素、血清素、多巴胺等神经递质水平；利用大脑成像技术观察海马体、前额叶皮层、杏仁核等关键部位的变化。

二、抑郁症人群及病因

科学界一般认为，抑郁症的"流行"也是现代快节奏、高压力社会的产物。

除了抑郁遗传的影响,压力性生活事件在环境相互作用中成为触发抑郁症的主要原因。

1. 儿童青少年抑郁症

儿童青少年抑郁症发生在未成年时期,以显著持续的情绪失落、兴趣缺失为主要表征。儿童期创伤经历是导致抑郁症发生的重要危险因素,包括各种形式的躯体虐待、情感虐待、性虐待、忽视及商业或其他方面的利用。家庭、学习上遭遇的负性事件以及心理弹性水平对于抑郁症的造成和疗愈也有重要影响。

2. 产后抑郁症

女性更容易患抑郁症,是同年龄男性的 2 倍;10% 的女性在生过孩子以后会有抑郁症的症状。产后抑郁症是指产妇在产褥期出现的抑郁症状。内分泌失衡、个性特点、心理压力、外部环境都是产后抑郁的促发条件,具体表现为:身体激素水平失调;情绪不稳、固执自我、社交不良的性格特征;角色转换不适应和婴儿照料的压力;不良分娩结局、婴儿性别歧视以及家庭不幸事件等。

3. 老年抑郁症

抑郁症是老年人群常见的精神障碍,长期处于抑郁状态,不仅会导致躯体功能降低,还易引起心肌梗死、高血压病、冠心病等心脑血管疾病,严重危害身体健康和生活质量。老年抑郁症主要有生理、心理、性格、家庭、社会多重因素的影响。老年期生理功能逐渐衰退、健康水平每况愈下,子女、伴侣、家庭经济、医疗保健、人际交往的改变和压力,诱发了焦虑、抑郁、自卑。而关怀缺失、悲观主义更是加剧和延误了病情。

第二节　抑郁症的运动干预

运动是抑郁症预防和治疗的一剂良药。抗抑郁药物的身体伤害和不良反应暴露,而运动带来的无副作用的内啡肽快感引起正视。运动可改善神经递质失衡,促进多巴胺分泌、瞬时提升区域去甲肾上腺素水平,达成抗抑郁药物的功能效用。

一、运动对抑郁症的作用及机制

过氧化物酶体增殖活化受体 γ 辅助活化因子 1α(PGC-1α)作为一种核辅

助激活因子,活跃于线粒体丰富和氧化代谢活跃的组织中,促进了下游基因的表达。骨骼肌中的 PGC-1α,经由实验证实,在运动的刺激激发之下,表达水平显著上升,从而为运动介导干预抑郁机制和作用发挥提供可能。

1. 骨骼肌 PGC-1α 的介导作用

研究表明,骨骼肌 PGC-1α 对于外周代谢适应的调节,主要包括调节色氨酸代谢、外周炎症状态和脑源性神经营养因子。

中枢神经系统中的 5-羟色胺(5-HT)、多巴胺等单胺类神经递质对于情绪控制和抑郁调节发挥着重要作用,色氨酸为 5-HT 的合成提供原材料。在运动引起的应激状态下,色氨酸在体内的表达水平上调,进而影响到与大脑抑郁密切相关物质的代谢过程。这些物质元素主要包括犬尿氨酸(KYN)、3-羟基犬尿氨酸(3HKNY)和犬尿喹啉酸(KYNA)。色氨酸循 KYN 代谢,可以竞争性拮抗 5-HT 生物合成,进而影响神经元信号传递;其下游产物 3-HKNY 和 KYNA 等对神经元的再生、退化也有影响作用。

抑郁发病与炎症反应系统激活也有关,外周促炎性细胞因子水平的升高使得脑组织中枢神经系统免疫激活,从而干扰诱导抑郁行为的产生。外周细胞因子通过神经、体液、细胞多途径进入脑组织,通过影响神经递质代谢、内分泌过程等参与抑郁症的生成病理。而科学研究结论证实,骨骼肌 PGC-1α 可能抑制促炎性细胞因子的产生,创造出一种抗炎环境。有关 PGC-1α 实现这一效果的路径,研究猜想主要包括:①通过 PGC-1α/NF-κB 通路发挥效用,调节骨骼肌炎症状态、降低外周炎症反应;②PGC-1α/KAT 通路减少外周 KYN 进入,抑制中枢炎症激活;③PGC-1α 诱导骨骼肌产生抗炎性细胞因子,直接发挥抗炎效果。

脑源性神经营养因子(BDNF)是一种分泌蛋白,主要在中枢神经系统内表达,在海马和皮质的含量最高。临床研究发现抑郁患者血清与海马中 BDNF 及其受体酪氨酸激酶 B(TrkB)含量较低,说明抑郁压制了 BDNF 通路活动的积极性。骨骼肌 PGC-1α 对 BDNF 的介导在于促成生产神经保护物质进而发挥抗抑郁效果。其中,PGC-1α 的一种依赖式肌肉因子含Ⅲ型纤连蛋白域蛋白 5(FNDC5)及骨骼肌分泌的 FNDC5 剪切修饰后的分泌性蛋白鸢尾素,对于 BDNF 的表达调节和海马神经增殖有明显效果。

2. 基于 PCG-1α 的运动介导抑郁机制

骨骼肌 PGC-1α 能有效调节色氨酸代谢、炎症反应和脑源性神经营养因子。同时，骨骼肌 PGC-1α 也具有运动敏感性，运动不仅可以提高 PGC-1α 的表达，还能通过多条信号通路提高其活性。因此，运动对于抑郁症的干预作用极可能是通过调节骨骼肌 PGC-1α 实现的。

实验研究证实，良好锻炼的骨骼肌肉可以产生一种 KAT 酶，在边缘系统中将压力传输至大脑过程中的物质犬尿素(L-KYN)转化为一种无法从血液传送至大脑的物质犬尿酸(KYNA)，从而有效缓和压力情绪。因此，锻炼可以清除对大脑有害的血液物质，在预防和治疗抑郁中的作用不容小觑。

大鼠慢性应激模型也证实，运动调节了大脑的信号传递。脑源性神经营养因子(BNDF)具有保护海马体等情绪控制区域神经元的作用，进而影响到整个下丘脑-垂体-肾上腺轴边缘系统的应激反应。而运动可以显著增强细胞内脑源性神经营养因子(BDNF)、血管表皮生长因子(VEGF)等化学物质的蛋白表达，从而增强了神经可塑性和神经新生，释放出抗抑郁的效果。

因此，依据科学研究表明，骨骼肌 PGC-1α 介导的运动抗抑郁症存在着一种外周-中枢的"肌脑 Crosstalk"机制。运动使得骨骼肌内分泌功能产生转向，长期运动可以抑制骨骼肌分泌促炎性细胞因子，如 IL-6、TNF-α 等，同时也激发了抗炎性细胞因子 IL-1ra、IL-10 的表达，最终调节中枢系统炎症反应改善抑郁。此外，运动诱导骨骼肌分泌肌肉因子含 FNDC5 及鸢尾素，从而使 BDNF 产生相关变化。经由运动产生的骨骼肌代谢产物乳酸、色氨酸等，对神经元表达改善有积极作用，使得抗抑郁的神经递质 5-HT 水平提高，弥补了抑郁症患者脑组织 5-HT 供给不足的问题，发挥着神经保护的作用。同时，运动状态的骨骼肌产生的 KAT 酶，促进血液中有害物质的降解，使 KYN 进入引起的神经性炎症和突触功能障碍等得到缓解。由此，骨骼肌 PGC-1α 在运动介导干预抑郁症中的中介作用得到发挥。

二、运动的形式

研究发现有氧运动对抑郁症治疗有效。库珀有氧中心一项研究表明：每周 6 天，每天 35min 中等强度的有氧运动可以帮助减低抑郁症症状的 47%，这和抗抑郁的药物具有同等效果，但却没有药物的不良反应。跑步、练瑜伽、打太极拳、练八段锦、球类运动等有氧运动被实验证明对抑郁干预有明显优势，能够改善患者的睡眠质量和情绪状态。

不同运动形式对抑郁的改善效果和程度不同,通过对比实验研究发现,团体合作运动对抑郁大学生的治疗效果更具显著性。不同抑郁人群对运动方式的兴趣选择也不同,瑜伽在女性群体中更具广泛性,太极拳、八段锦等传统健身运动更受老年人欢迎。

此外,由于长期日照不足,造成维生素 D 合成减少而褪黑素分泌增加,可使 5-HT 活性下降,情绪障碍、睡眠问题等抑郁症状滋生,因此季节性的光照治疗以及户外运动参与也十分重要。

三、运动的剂量

根据抑郁发作的症状和轻重程度,运动量没有明确的标准。某种程度上,运动越多带来的益处越多。公共卫生领域的建议是每天进行大约 30min 中等强度的有氧运动,也有研究证明 3 次/周、连续 9 周的中等强度的有氧运动对抑郁症效用发挥有效。

若以每单元体重消耗的能量为"剂量"尺度,低剂量运动是每周做 80min 左右的运动,高剂量的计算则是体重(以磅计)×8。通过对比实验,高剂量运动相比低剂量运动对抑郁症状的治疗更具显著性。因此,可以根据运动项目消耗能量的计算达到高剂量的运动水平。

第三节　抑郁症的饮食营养

健康均衡的饮食结构对抑郁治疗有辅助作用。地中海饮食(Mediterranean diet)凭借均衡膳食、易于遵循的优势脱颖而出。它的特点在于包囊各类食物品种的同时强调蔬菜水果、全谷物、豆类、坚果等的主要占比。在此基础上,以鱼类、海鲜、奶制品、禽蛋类为适量补充,并且减少红肉和甜食的摄入量。蛋白质利于神经递质代谢,素食和发酵类食物利于肠道菌群调节,而甜食过量摄入不利于血糖控制和大脑血清素水平控制。因此,这样的膳食结构很好地契合了抑郁症患者的营养健康需求。

此外,在遵循平衡膳食原则和健康饮食结构的基础上,抑郁症人群可根据所含营养成分更加细化而具体地选择食物。研究证据表明,一些特定的营养素和营养成分对心理健康保持和抗抑郁的辅助治疗有显著效用。

一、富含 ω-3 系列多不饱和脂肪酸的深海鱼类

ω-3 多不饱和脂肪酸是脑细胞膜的主要组成部分，是人体不可缺少的重要营养素。实验研究表明饮食中 ω-3 多不饱和脂肪酸含量过低会导致神经功能障碍。其中的二十碳五烯酸（EPA）对改善抑郁情绪起到关键作用。它的作用机制是通过有效降低由花生四烯酸合成的前列腺素，促进脑源性神经营养因子水平下降，并且可以改变血液在大脑中的流向，从而改善抑郁症状。这种营养素不能经由人体合成，必须通过食物获取。EPA 是鱼油的主要成分，获取此类营养的来源主要是鱼类，如三文鱼、金枪鱼、沙丁鱼、鲱鱼和白鱼等。

二、富含色氨酸和酪氨酸的食物

神经递质如 5-HT、多巴胺、去甲肾上腺素等的缺乏与抑郁症发作有关。色氨酸是 5-HT 的前体，中枢神经系统有 2%～3% 的色氨酸用来合成 5-HT，而后者能够降低中枢神经兴奋性，通过调节情绪、睡眠、食欲从而控制许多心理和行为活动，因此色氨酸具有镇静和安眠的作用。常见富含色氨酸的食物有小米、南瓜子仁、牛奶、香菇、葵花籽、黑芝麻、黄豆、鸡蛋、鱼等。

同时，酪氨酸也是脑部活动所需重要物质，具有神经刺激作用，可直接影响情绪和认知功能。奶酪、酸奶、香蕉、巧克力、西红柿、蚕豆、扁豆、菠萝、动物肝脏等富含酪氨酸，因此建议抑郁症患者多进食此类食物。

三、富含 B 族维生素的食物

B 族维生素，特别是维生素 B_3、维生素 B_6、维生素 B_{12} 以及叶酸等，可直接或间接参与 5-HT 或其他神经递质合成，维生素 B_6 在 5-HT 转化为色氨酸过程中起作用。叶酸和维生素 B_{12} 是中枢神经系统很多新陈代谢活动的反应辅因子，包括神经递质合成以及维持保护神经元活动的细胞膜的流动性。研究表明，抑郁症患者每天服用叶酸或维生素 B_{12} 后抑郁情绪会明显好转。动物内脏、瘦肉、豆类、坚果、全谷类、菠菜等绿叶蔬菜中多含 B 族维生素。

参考文献

[1] Huang Y Q，Wang Y，Wang H，et al. Prevalence of mental disorders in

China：a cross-sectional epidemiological study［J］. Lancet Psychiatry，2019，6(3)：211－224.

［2］ Stockings E，Degenhardt L，Lee Y Y，et al. Symptom screening scales for detecting major depressive disorder in children and adolescents：A systematic review and meta-analysis of reliability，validity and diagnostic utility［J］. J Affect Disord，2015(174)：447－463.

［3］ 李泽钧,刘守桓,石雪雯,等.儿童青少年抑郁症诊断与治疗进展［J］.中国妇幼保健,2020,35(14):2732－2734.

［4］ 祁荣,陈军,余邵民.关于抑郁症的研究综述［J］.心理月刊,2020,15(17):238－240.

［5］ 丁慧思,韩娟,张敏莉,等.青少年抑郁症状与儿童期创伤、心理弹性的关系［J］.中国心理卫生杂志,2017,31(10):798－802.

［6］ 崔才三,隋京美,韩丹青.产后抑郁症病因、诊断及防治的研究进展［J］.现代妇产科进展,2005,14(4):319－321.

［7］ 郭蓉,周海波,尤小云,等.老年抑郁症病因分析及心理护理方法的临床观察［J］.山西医药杂志,2018,47(22):2759－2761.

［8］ 刘微娜.抑郁症的运动干预:基于动物模型的分子行为学依据［M］.北京:知识产权出版社,2017.

［9］ Agudelo L Z，Femenía T，Qrhan F，et al. Skeletal muscle PGC-1α1 modulates kynurenine metabolism and mediates resilience to stress-induced depression［J］. Cell，2014，159(1):33－45.

［10］ 戈含笑,魏宏文,张有志,等.有氧运动对慢性应激大鼠脑海马区神经可塑性的影响［J］.北京体育大学学报,2017,40(5):39－45.

［11］ 穆林,王国伟,夏青.运动治疗抑郁症的研究进展［J］.中国疗养医学,2019,28(8):808－810.

［12］ John Ratey，Eric Hagerman.运动改造大脑［M］.浦溶译.杭州:浙江人民出版社,2013.

［13］ Sinclair A J，Begg D，Mathai M，et al. Omega 3 fatty acids and the brain：Review of studies in depression［J］. Asia Pac J Clin Nutr，2007，16(1):391－397.

第十三章 运动营养与阿尔茨海默病

第一节 阿尔茨海默病与健康

阿尔茨海默病(Alzheimer's disease,AD)是一种慢性神经退行性脑部疾病,也是导致痴呆症的最重要原因,影响着全球约 5000 万人,其中通常是 65 岁以上的老年人。它是一种异质性多因素疾病,以认知障碍为特征,伴随着渐进性记忆障碍、语言障碍和人格改变等神经精神症状。AD 开始时最常见的症状是短期记忆障碍,影响日常活动。随着期望寿命的增加和人口老龄化,AD 患病率将不断上升,并成为威胁老年人健康的全球公共卫生问题之一。然而,目前临床上缺乏有效的预防和治疗策略。

一、发病机制

虽然 AD 基础病理学的机制尚未完全揭示,但在过去几年的研究中,人们对其机制的理解已取得重大进展。AD 的两个关键发病因素分别是淀粉样前体蛋白(APP)的水解产物 β 淀粉样肽(Aβ)组成的胞外老年斑(SP)在脑中的异常沉积和微管稳定蛋白质病理性磷酸化改变形成的细胞内的神经元纤维缠结(neurofibrillary tangle)。其病理特征表现为线粒体功能障碍、代谢变化(大脑中糖代谢受损)和过多的活性氧在脑内产生、蓄积引发的氧化应激等。

二、影响因素

1. 遗传因素

载脂蛋白 E(ApoE)是一种富含精氨酸的多态性蛋白,主要参与脂蛋白的转化与代谢过程,可调节许多生物学功能。其中,ApoEε4 等位基因是晚发型

AD(年龄＞65 岁)的最重要的遗传风险因素,占遗传易感性的 50%。还有其他超过 550 个基因被认为可能与痴呆症的发病相关,但有关机制不能明确。

2. 环境因素

环境危险因素在 AD 发病机制中发挥着重要作用,环境中的一氧化氮、一氧化碳、铅浓度和水中的铝浓度与 AD 风险增加呈正相关。暴露在低频率和极低频率的电场或磁场中时,与 AD 风险也有一定程度的关联。一般认为,环境因素可能在遗传易感素质基础上影响到 AD 的发病。

3. 慢性疾病因素

糖尿病、高血压病、肥胖和总胆固醇升高是导致认知能力下降和 AD 的危险因素。此外,有关风险是可能叠加的;一旦所有因素结合起来时,又会进一步提升患痴呆症的总体风险。另外,脑萎缩、脑梗死、高血压、冠心病等疾病都会影响老年人的智能,降低生活质量和生活能力,并使老年人的认知能力进一步下降。有卒中史的老年人患痴呆症的风险也大大提高。

4. 不良的生活方式

体力活动少、睡眠不足或失调、饮食营养不良、过量饮酒、吸烟和心理压力等社会性因素也会增加老年 AD 发生的风险。

迄今为止,只有少数美国食品药品监督管理局(FDA)批准的药物(如乙酰胆碱酯酶抑制剂和美金刚)可以调节神经递质活性并改善部分行为症状。因此,当前尚无有效的治疗方法来预防 AD 发展的风险或改变其进展。但是相关的研究结果表明,适量、规律的运动和采用一些科学的营养和膳食方式,可能会对 AD 的治疗产生潜在的益处。

第二节　阿尔茨海默病的运动干预

一、运动疗法对阿尔茨海默病的作用及机制

1. 运动疗法的预防作用

原发性痴呆症和间歇性记忆丧失是 AD 最常见的形式。在早期临床症状(如主观记忆力下降、轻度认知损害等)出现之前,诱发痴呆症的因素已经存在多年或更久,但症状在大脑结构改变之前是不会出现的。因此,运动疗法作为

确定早期临床症状和预防认知衰退的重要策略之一,已成为研究的热点。

流行病学研究表明,高强度运动与降低患痴呆症的风险呈正相关,更多的体育锻炼可使 AD 的风险大为降低。在保护作用方面,研究发现,人们对体育活动的兴趣是管理 AD 的有效非药物干预措施。运动疗法可以改善痴呆症患者的身体机能,并对日常生活产生巨大影响,并降低整体医疗费用。耐力运动训练计划可降低 AD 患者的营养和行为并发症以及跌倒风险,以家庭为基础的运动训练与教授护理人员行为管理技术相结合,可以改善 AD 患者的身体健康和抑郁症。除了提高应对日常生活活动的能力外,运动训练还会引起身体各项功能能力指标的改善。例如,上肢和下肢肌肉力量和灵活性、敏捷性和动态平衡、心肺适能以及步态和平衡能力。

2. 阿尔茨海默病的运动干预机制

阿尔茨海默病是一种神经退行性疾病,其特征是淀粉样蛋白 β 的细胞外老年斑、Tau 蛋白的非细胞神经纤维缠结、脑萎缩和痴呆。体育锻炼在维持大脑大小和预防 AD 风险(如肥胖、高血压和卒中)方面的有益效果已经被观察到。

定期运动,包括慢跑、步行、骑自行车、伸展运动、游泳和跳远,可预防或延缓大脑紊乱和代谢疾病的发展,如肥胖、糖尿病和高血压病。定期运动可提高细胞的耐力以及组织和器官氧化应激,增加能量代谢,促进神经营养因子合成等,这些均是神经发生、肌肉发育、记忆改善和大脑可塑性的重要诱导因子。

训练尤其能增加人体的肌肉质量,对防止新陈代谢老化有益。肌肉质量的丧失已经在高危或诊断为 AD 的个体中被确认。与上述数据相一致的是,在健康个体中,更强的肌肉力量与患痴呆或 AD 的风险较低之间存在较强的相关性。因此,在一个人的一生中,无论什么年龄,尤其是老年人,定期进行体育活动是提高整体健康水平和预防痴呆症和 AD 风险的一种策略。

体育锻炼是一种重要的神经保护调节剂,能够控制疾病并显著增强大脑功能。在大多数情况下,体育活动对改善 AD 患者的认知能力有积极作用。体育锻炼决定了影响大脑和认知功能的积极的生理和心理效果。特别是有氧运动,通过一些机制对与认知功能相关的生理和心理因素有积极的影响。

二、阿尔茨海默病的运动干预治疗

1. 认知练习

有一些重要的证据支持认知练习(包括认知训练、认知刺激和认知康复)的有效性。认知训练干预已经显示了它在提高未训练的认知任务中的表现方面的作用，并且训练导致了有针对性的认知能力（推理和速度）的提高。一项随机对照试验表明，10个疗程的职业治疗通过代偿策略提高了 AD 患者的功能能力，帮助他们适应认知局限。例如，在实时策略视频游戏后，任务转换、推理、工作记忆和视觉短期记忆的表现更好，这表明执行控制过程的增强。

2. 体能训练

越来越多来自流行病学、横断研究和随机对照试验的证据证实，有氧运动和阻力训练等体能训练与降低认知能力下降风险有关。有氧运动主要通过改善大脑功能获得益处。研究表明，有氧运动通过更好地心肺健康，可以减轻与年龄相关的胼胝体髓鞘下降，并保持白质完整性。高水平的有氧健身可以缓解海马的衰退，增加海马的体积，从而获得更好的空间记忆表现。那些参加高水平体育锻炼的人在整体认知和执行功能方面表现得更好。另一方面，抗阻训练也是一种增强认知能力的方法。连续12个月每周进行1～2次的阻力训练，可提高步态速度，降低跌倒风险，严重影响日常生活。然而，与有氧运动训练不同，阻力训练的机制集中在胰岛素样生长因子1（IGF-1）等影响神经功能的生物标志物和血清同型半胱氨酸。老年人参加中度或高强度的抵抗训练后，其促进神经元生长的 IGF-1 水平高于对照组。而小组运动能显著提高认知能力和液态智力，如以家庭为基础的力量和平衡再训练对执行功能有效。

3. 结合训练

有研究表明，将心理锻炼和体育锻炼相结合可能比单独进行更有效，并提出认知衰退是多因果关系，单一干预可能仍然不够。运动游戏是一种典型的将体育锻炼与交互式虚拟现实相结合的游戏类型，它在参加体育活动时提供了认知刺激。例如，在虚拟现实旅游的基础上进行固定自行车运动，可改善轻度认知障碍患者的执行功能和临床状态，有助于身体功能和处理速度，这是执行控制能力的反映。同时进行身体和认知训练对额叶认知功能和步态及神经可塑性均有增强作用。

相较于只进行运动或神经游戏，结合训练在神经心理效果和执行功能方面取得了积极的结果，这表明联合运动比单独运动效果好。此外，运动游戏获得了更好的参与，因为它充满乐趣且往往是一个挑战，可激励老年人坚持长期锻炼。

第三节　阿尔茨海默病的饮食营养

AD 的患病风险随着年龄等不可改变的因素的增加而增加，目前研究显示饮食和营养状况好坏也是 AD 发病的潜在重要因素。由于 AD 患者认知功能受损并伴随相关神经精神症状，常会导致患者饮食不规律、食欲减退等，随着病情的发展会引起营养不良等症状，使患者的中枢神经系统更加孱弱，引起 AD 病情加重的恶性循环。因此，根据在 2013 年 7 月 19 日至 20 日于华盛顿特区召开的国际大脑与营养学术会议上公布的《预防阿尔茨海默病膳食指南》进行营养补充，或者采用相关膳食模式可能会对 AD 的治疗产生潜在的益处。

一、膳食营养方案

（1）尽量减少饱和脂肪和反式脂肪的摄入。饱和脂肪主要存在于乳制品、肉类和某些油（椰子油和棕榈油）中。反式脂肪主要存在于小吃、糕点和油炸食品中，且在标签上被列为"部分氢化油"。

（2）蔬菜、豆类（蚕类、豌豆和小扁豆）、水果和全谷物应取代肉类和乳制品，成为饮食的主要主食。

（3）维生素 E 应该来自食物，而不是补充剂。维生素 E 的健康食物来源包括种子、坚果、绿叶蔬菜和全谷物。维生素 E 的推荐饮食量为 15mg/d。

（4）日常饮食中应该有可靠的维生素 B_{12} 来源，如强化食品或至少提供每日推荐量（成人 2.4mg/d）的补充剂，并定期检查血液中维生素 B_{12} 水平。

（5）如果使用多种维生素，建议选择不含铁和铜的维生素，且只有在医生指导下才能服用铁补充剂。

（6）铝在 AD 中的作用仍有待研究，尽量避免使用增加膳食铝的炊具、抗酸酸剂、发酵粉或其他产品。

（7）在日常活动中进行有氧运动，保证每周 3 次有氧运动，每次 40min 快走。

除上述指南外，其他步骤值得进一步研究，以便在未来的预防指南迭代中纳入，这些建议如下：

（1）保持睡眠规律，每晚提供适当的睡眠时间，一般为 7～8h。重要的是评估和治疗任何潜在的睡眠障碍,如阻塞性睡眠呼吸暂停。睡眠障碍与老年人的认知功能障碍有关。

(2)参加有规律的脑力活动,促进新的学习。例如,每天 30min,每周 4～5 次。几项研究表明,精神更活跃的人在以后的生活中降低了认知缺陷的风险

二、相关膳食模式与阿尔茨海默病

基于 AD 的发病机制和病理特征,并结合相关营养素的作用以及膳食推荐指南,研究发现以下两种膳食模式对 AD 的治疗具有有益的影响。

1. 地中海饮食

地中海饮食(Mediterranean diet,MedDi)的特点是大量摄入蔬菜、豆类、水果和谷物;大量摄入不饱和脂肪酸,但饱和脂肪酸的摄入量较低;中等程度的鱼类摄入;低至中等程度的乳制品摄入;肉类和家禽的摄入量较低;以及定期但适量的乙醇(主要是在进餐时以葡萄酒的形式存在)。此外,一项观察性研究将包括 MedDi 和抗高血压饮食在内的两种饮食计划结合起来,称为延迟神经退行性的地中海-抗高血压干预(MIND),观察到 AD 的发病率降低了 53%,并认为 MIND 饮食大大减缓了认知能力随年龄的下降。与 MedDi 不同的是,在 MIND 饮食中水果被排除在外,而且不规定每天吃鱼,因为有研究表明,每周吃几次鱼类就足够可以起到保护神经的作用。

在 MedDi 和 MIND 的多种成分中,脂肪占总热量的 40%,但几乎所有这些成分都来自橄榄油。因此,特级初榨橄榄油被认为是最佳食用油。而 MedDi 和 MIND 饮食在健康中所体现的益处也归因于使用橄榄作为膳食脂肪和酚类化合物的主要来源。橄榄的主要和次要成分,即油酸和生物酚,在保护心脏和神经方面已被证实。MedDi 也通过生物酚的抗氧化能力和抗炎特性,对认知功能显示出利的影响。有研究表明,年的 MedDi 可使老年痴呆症的风险降低 1/3 以上。

2. 生酮饮食

生酮饮食(KD)主要是指包括高脂肪(55%～60%)、中等蛋白质(30%～35%)和极低糖类(5%～10%),并且每天提供 2 000kcal 能量的饮食。

越来越多的研究表明,给予高脂肪、低糖类的 KD 可能有助于提高脑燃料在晚年的供应,因为它能促进器官利用酮体作为主要的燃料来源,酮体的代谢

速度比葡萄糖快,能够绕过糖酵解途径直接进入三羧酸循环,以取代中枢神经系统的葡萄糖。此外,这种饮食可通过逆转 Aβ1－42 毒性来减少淀粉样斑块的沉积,并通过激活小胶质细胞的促凋亡特性和提高神经保护介质的浓度来影响抗炎作用。科学家通过动物实验数据表明,对 8 个月以上的中年小鼠(8.5 个月)中施用酮酯,可以使小鼠的认知功能改善,并减轻 AD 小鼠模型中的淀粉样蛋白和 Tau 蛋白病变;而在有限的临床数据中也显示,接受微波凝固治疗(MCT)的 AD 患者的即时和延迟记忆测试有显著改善,且患者的情绪、情感、自我护理、认知和日常活动表现都有所改善。因此,KD 与老年 AD 患者认知能力的改善有关,且认知能力的改善取决于酮症的程度和持续时间。预计在 AD 的早期无症状阶段,KD 治疗的效果最好。

值得注意的是,采用 KD 的方式不当或是过度进行 KD,都会给人体带来一定的副作用。因此,KD 的使用需要在医生或是专业人士的指导下进行。

第四节　研究展望

AD 患者进行一段时间的体育锻炼后,认知表现可得以改善,但值得注意的是,在各个国家进行的各种试验之间存在着微妙的差异,其原因尚待查明。应该有更多涉及不同政治、文化、地理、宗教背景等的研究,以探讨上述各方面是否存对老年 AD 患者的认知与身体活动的影响。

目前已经有强有力的证据支持体育活动和锻炼对 AD 患者认知能力的影响,也有大量动物实验数据和临床证据表明可能会对 AD 的治疗产生一定的益处。通过《预防阿尔茨海默病膳食指南》可以在调节饮食营养的同时,注重在日常生活中进行一定的体力活动。因此,未来对 AD 的治疗需要考虑将运动与营养干预相结合,以期达到更好的效果。

参考文献

[1] Rusek M，Pluta R，Ułamek-Kozioł M，et al. Ketogenic diet in alzheimer's disease[J]. Int J Mol Sci，2019，20(16)：3892.

[2] 黄秋敏,贾小芳,王柳森,等.膳食营养与阿尔茨海默病关系的研究进展[J].营养学报,2019,41(01)：95-98,101.

[3] 邵思迈,史洺,余姊阳,等.阿尔茨海默病中的β淀粉样肽与氧化应激[J].中国比较医学杂志,2021,31(10):1-5.

[4] 石素琴,石琼.阿尔茨海默病的危险因素概述[J].环境卫生学杂志,2019,9(1):85-91.

[5] Scheltens P, Blennow K, Breteler M M, et al. Alzheimer's disease[J]. Lancet, 2016, 388(10043): 505-517.

[6] 李浩,刘浩.从预防和干预角度探索阿尔茨海默病患者适宜的运动疗法[J].阿尔茨海默病及相关病杂志,2021,4(2):156-162.

[7] Chen W W, Zhang X, Huang W J. Role of physical exercise in Alzheimer's disease[J]. Biomed Rep, 2016, 4(4): 403-407.

[8] Jia R X, Liang J H, Xu Y, et al. Effects of physical activity and exercise on the cognitive function of patients with Alzheimer disease: a meta-analysis[J]. BMC Geriatr, 2019, 19(1): 181.

[9] Öhman H, Savikko N, Strandberg T E, et al. Effects of exercise on cognition: the finnish alzheimer disease exercise trial: A randomized, controlled trial[J]. J Am Geriatr Soc, 2016, 64(4): 731-738.

[10] Santos-Lozano A, Pareja-Galeano H, Sanchis-Gomar F, et al. Physical activity and alzheimer disease: a protective association[J]. Mayo Clin Proc, 2016, 91(8): 999-1020.

[11] 徐丽芬,林勇,费玉娥,等.阿尔茨海默病患者营养状况与认知功能受损程度的相关性研究[J].中国卫生检验杂志,2020,30(21):2653-2655.

[12] Barnard N D, Bush A I, Ceccarelli A, et al. Dietary and lifestyle guidelines for the prevention of Alzheimer's disease[J]. Neurobiol Aging, 2014, 35(Suppl 2): S74-78.

[13] Omar S H. Mediterranean and MIND diets containing olive biophenols reduces the prevalence of alzheimer's disease[J]. Int J Mol Sci, 2019, 20(11):1-21.

第十四章　运动营养与肠道菌群

第一节　肠道菌群与健康

一、肠道微生态

肠道微生物被称为人体的第二基因组,肠道微生物基因组与人体基因组一起通过环境因素的相互作用影响我们的健康。

正常人体皮肤、胃肠道、口腔等表面寄居着大量的微生物,其中消化道中的微生物含量最高。消化道从口腔开始,连接到食管、胃、小肠、大肠直至肛门末端,胃、小肠、大肠是构成肠道的器官,其中,结肠中的微生物含量最为丰富,胃和小肠中的微生物含量远少于结肠中的微生物含量。研究表明,人体肠道微生物数量与人体细胞数量几乎相同,其中人体肠道微生物数量约为 3.9×10^{13} 个,人体细胞数量约为 3×10^{13} 个。此外,肠道微生物的宏基因数量约是人类宏基因数量的 100 倍;在个体中,肠道微生物基因数量约是人体基因数量的 10 倍。肠道微生物由细菌、古菌、真核生物和病毒组成,其中细菌的含量高达 99%,这些肠道微生物构成了一个巨大而复杂的肠道微生态系统。

目前人类已发现的细菌多达 50 个门,目前在人体中鉴别出来的主要有厚壁菌门、拟杆菌门、变形菌门、放线菌门、疣微菌和梭杆菌门,其中厚壁菌门和拟杆菌门的含量最高。按照功能,肠道菌群可分为三大类:①与宿主共生的有益菌,如双歧杆菌、乳酸杆菌等;②在一定条件下对人体有害的条件致病菌,如大肠埃希菌、肠球菌等;③对人体有害的致病菌,如产气荚膜杆菌、铜绿假单细菌等。

人体从出生开始,肠道内各菌群间就处于动态平衡中。菌群间的这种平衡状态有利于维持机体正常生理代谢功能。然而,这种平衡状态极易受到外界环境和宿主自身因素的影响,如卫生习惯和饮食结构的改变、运动锻炼和使用抗生素以及外界微生物的干扰,都可能导致肠道菌群间的失衡。遗传、年龄、地区、文化、饮食、运动、健康状态甚至情绪都会让肠道菌群的组成和结构发生变化。

二、肠道微生态与健康

1. 肠道菌群与肥胖

肠道菌群的种类分布与结构组成存在个体差异。一方面,这种差异性与个体因素密切相关,研究显示肥胖者体内的厚壁菌门数量比体重正常者多,而拟杆菌门的数量比正常体重者少,肥胖者存在肠道菌群失调的现象,尤其是与胖瘦相关性较大的厚壁菌门细菌和拟杆菌门细菌比例失调;另一方面与个体的饮食摄入也息息相关。有研究发现,摄入过量高脂食物会改变个体肠道菌群的结构和功能,从而导致肠道过度吸收食物中的营养物质,进而引起肥胖。

2. 肠道菌群与炎症

研究证实了适度运动可以改善机体免疫功能,具有抗炎作用,并且可以预防炎性疾病。科学家通过对炎症性肠病(inflammatory bowel disease,IBD)人群的研究证明,中低强度运动可以改善免疫功能。通过结肠炎动物模型的研究表明,运动可降低小鼠体内促炎细胞因子如肿瘤坏死因子 α(TNF-α)和白介素-1β (IL-1β)的表达,同时可以增加抗炎细胞因子白介素-6(IL-6)和白介素-10 (IL-10)的表达,减轻由外界应激诱导的肠道免疫功能障碍,改善结肠炎。然而,剧烈运动反而会导致机体的中性粒细胞、T 淋巴细胞和 B 淋巴细胞的数量增加,NK 细胞在体循环中加快,在运动恢复期造成机体免疫细胞群体减少到运动前水平以下。因此,需要采取适当的运动强度,才能有效预防及治疗急慢性炎性疾病。

3. 肠道菌群与其他疾病

在正常的生理条件下,肠道菌群与宿主之间属于互利共生的关系。在某些条件下,这种关系一旦被打破,则可能导致宿主产生疾病。目前已知肥胖、哮喘、过敏、湿疹、溃疡性结肠炎、克罗恩病、儿童糖尿病、自闭症,甚至某些癌症的发生均与肠道菌群有关。

第二节　肠道菌群的运动干预

一、运动对肠道菌群的影响及其机制

运动与肠道微生态的研究起步较晚,有研究表明运动能够有效防止慢性病的发生,这些慢性疾病中有大部分被发现与肠道菌群紊乱有关,如肥胖、高血压病、抑郁症、糖尿病、呼吸系统疾病、心血管疾病等。

研究发现,从事橄榄球运动的职业运动员其肠道菌群的菌群数量和多样性显著高于同年龄段且同体重指数(BMI)的普通人群,提示运动增加了肠道菌群多样性。对 7 名长跑专业运动员展开的相关研究也发现,运动能够影响肠道菌群区系结构。目前,国内外对运动与肠道菌群的大部分研究认为运动有益于肠道菌群,影响效果与运动干预方式、运动干预前实验对象年龄差异、运动干预周期以及强度等差异有关。

不同运动强度对肠道微生物种类变化的影响各异,适度自主运动可以使肠道微生物益生菌的丰度增加;但有研究表明非自主跑台运动的老鼠和运动员的肠道微生物种属虽然增多,但菌乳杆菌科/乳杆菌含量减少,中性菌拟杆菌门、拟杆菌含量减少,提示不同运动形式与强度对肠道菌群的影响不同。通过肥胖、高血压 Wister 大鼠的跑台运动,得到益生菌乳酸杆菌属丰度增多,而中性菌厚壁菌门增多,中性菌变形菌、链球菌含量减少。与前者的研究不同,有科学家对小鼠分别通过 8 周的自由轮转运动和中等强度的强制性跑台运动后,对小鼠肠道细菌多样性的初步观察发现,与对照组相比,中等强度运动对小鼠肠道的微生物组成具有可区分但有限的改变。

尽管相关研究对运动增加肠道微生物多样性的作用尚有争议,但不可否认的是,适度运动对肠道菌群的组成和丰度仍具有一定的调节作用。适度运动使肠道菌群向趋于机体有益的方向做适应性改变来调节机体对外环境的刺激。有研究表明,运动激活还原型烟酰胺腺嘌呤二核苷酸磷酸(NADPH)氧化酶介导产生的污性氧(ROS)引起吞噬细胞过氧化损伤,通过免疫激光共聚焦技术获得中性粒细胞的 NADPH 氧化酶 gp91phox 与 p47phox 的共定位,证明运动激活 NADPH 氧化酶。在此过程中吞噬细胞本身由于其释放一系列细胞防御性

因子包括蛋白酶、超氧阴离子等而自身降解并调节 T 淋巴细胞的分化,并进一步激活 NADPH 氧化酶途径产生更多的 ROS,这种由 NADPH 氧化酶途径产生的 ROS 是一系列过氧化反应信号通路的改变,而导致细胞的过氧化损伤产生的免疫抑制。因此,在运动情况下,由于肠道吞噬细胞 Nox2 的激活,增加了肠道中的 ROS 含量。

二、运动改善肠道微生态的方法

肠道菌群作为疾病治疗的新靶点已逐渐引起国内外学者的关注。有研究表明,肠道菌群与机体的健康息息相关,可以通过适度运动干预肠道菌群,调节肠道菌群的分布,从而达到减肥、预防急慢性肠炎以及其他慢性病等目的。

目前,已有学者运用太极拳、八段锦、五禽戏等传统体育项目研究运动对肠道菌群的影响,研究结果表明,这些传统体育运动可以有效改善宿主肠道菌群的结构,增加益生菌。为肠道菌群失调的患者制订运动处方时,可以适当融入这些传统体育运动,达到运动目的的同时,还可以增加运动的多样性和趣味性。

运动处方:

1. 运动方式

主要采取有氧运动,如游泳、练健身操、跑步等,辅以太极拳、八段锦、五禽戏等传统体育项目。

2. 运动强度

建议中度强度运动强度,以心率为衡量标准,中等强度的运动时心率为最大心率的 60%~70%。

3. 运动时间

每次运动前 5min 进行热身活动,再进行 60min 有氧运动,最后 5min 做整理活动(肌肉拉伸)。

4. 运动频率。

建议每周运动 5 天,持续 8 周以上。

第三节 肠道菌群的饮食营养

拥有数量足够丰富和组成足够多样的肠道菌群是健康肠道的标志。肠道菌群作用广泛,是胃肠道消化的关键调节因子,在许多营养物质和代谢产物的提取、合成和吸收中起着重要作用;不仅可以通过营养代谢、pH 修饰、抗菌肽分泌和对细胞信号通路的影响等竞争过程来阻止致病性定植,还可以通过维持肠道上皮完整来防止细菌入侵。肠道菌群是人体的第二基因组,通过改善肠道菌群,有利于慢性炎症的消除并使宿主的代谢机能逐步恢复。食物成分及其代谢物可影响肠道消化和吸收功能,亦可影响肠道屏障功能。此外,食物成分及其代谢物对肠道的抗氧化系统也造成影响。

据研究表明,大约有 10 万亿个细菌在人体肠道中寄生,影响人们的体重和消化能力,可以抵抗感染和自身免疫性疾病的风险,并在人类治疗过程中控制癌症的应激反应。人体健康与肠道中益生菌的结构密切相关。在肠道菌群的长期进化中,根据个体适应和自然选择,它们在不同菌群之间、菌群与宿主之间,以及"环境平衡"中始终是动态的。正常情况下,由于相互依存和相互制约系统的形成,解剖结构相对稳定并且对宿主无致病性。

一、饮食干预

饮食是影响肠道微生物群落的组成、多样性和丰富度的最重要的因素之一,能够快速改变肠道菌群组成及肠道代谢活动。不同人群的饮食结构和饮食习惯会对肠道产生不同影响。

(1)多吃豆制品、红枣、谷物及香蕉等富含膳食纤维的食物,改变肠道菌群多样性。

(2)增加全麦/全谷物食物摄入量,从而提高肠道中双歧杆菌、乳杆菌和罗氏杆菌水平,增加乳酸菌/肠球菌比例。

(3)保证足够的蔬菜、水果摄入量。摄入蔬菜及水果可以使肠道中拟杆菌门比例上升,厚壁菌门和变形菌门比例下降,脂质的过氧化作用及 BMI 显著降低。

(4)增加纤维摄入,减少高脂饮食摄入,养成营养多样化的饮食习惯。

二、益生菌干预

益生菌是一类可在人体肠道内定植并产生明确的健康功效,改善宿主肠道内微生态平衡,发挥有益功能的活性微生物的总称。服用益生菌,可以针对性地对肠道菌群进行有效干预,优选益生菌(乳酸杆菌和双歧杆菌等)送入肠道中执行改造任务,从而对肠道菌群结构产生潜移默化的影响。但益生菌并不是对所有人都有效,所以补充益生菌不能千篇一律,而是要精准服用,在检测肠道菌群后,根据自身菌群情况送行选择适合自己的益生菌。

三、益生元干预

益生元是通过肠道微生物的代谢,调节肠道微生物的组成和活性,从而赋予宿主有益的生理影响的不被消化的混合物。益生元可以提高乳杆菌和双歧杆菌等有益菌对营养物质的利用,并被代谢成乙酸盐、丁酸盐等,通过增加与有害菌在肠道中的竞争优势来抑制有害菌的生长,一些特定的益生元对病原菌还能起到抗菌剂的作用,从而减少病原菌在黏膜上的黏附作用,降低感染的风险。

四、膳食补充剂干预

目前,一些研究表明,加入膳食补充剂可以有效调节肠道环境,然而,很多研究仍停留在动物模型阶段,在很多关于饮食成分如何起到调节肠道菌群作用的研究中,具体机制尚不十分明确。

第四节　研究展望

随着人体肠道菌群研究的不断深入,菌群的结构、功能被发现与人类的多种疾病之间存在显著的关联。除遗传因素外,生活方式及饮食习惯可以在很大程度上改变人体肠道菌群的稳态平衡,增加纤维摄入,减少高脂饮食摄入和多样化饮食等合理方式,能够调节宿主肠道菌群稳态平衡。然而,饮食干预商业化进程中,依旧有大量基础性问题尚未解决。另外,肠道菌群的相关研究也还处于起步阶段,其改善健康状况的机制仍需深入探究。因此,通过饮食干预调节肠道菌群,从而改善人体健康状况将是未来的研究热点之一。

当前国内外对运动干预肠道微生物来促进机体健康的研究较多,且在多种疾病的康复上均获得一定效果。但是不同运动形式、不同运动强度对机体肠道菌群得改变不一。因此对菌群紊乱引起的不同疾病、不同病程的机体,需要选择合适的食谱以及运动形式,严格控制运动强度,有针对性地给予运动处方。

此外,运动如何对肠道菌群产生影响的内在作用机制尚未明确,有待后续深入研究。

参考文献

[1] Savage D C. Microbial ecology of the gastrointestinal tract[J]. Ann Rev Microbiol,1977(31):107 – 133.

[2] Haque S Z,Haque M. The ecological community of commensal,symbiotic,and pathogenic gastrointestinal microorganisms-an appraisal [J]. Clin Exp Gastroenterol,2017(10):91 – 103.

[3] Sender R,Fuchs S,Milo R. Are we really vastly outnumbered? revisiting the ratio of bacterial to host cells in humans[J]. Cell,2016,164(3):337 – 340.

[4] Maynard C L,Elson C O,Hatton R D,et al. Reciprocal interactions of the intestinal microbiota and immune system[J]. Nature,2012,489(7415):231 – 241.

[5] Qin J,Li R,Raes J,et al. A human gut microbial gene catalogue established by metagenomic sequencing[J]. Nature,2010,464(7285):59 – 65.

[6] Eckburg P B,Bik E M,Bernstein C N,et al. Diversity of the human intestinal microbial flora[J]. Science,2005,308(5728):1635 – 1638.

[7] Basterfield L,Mathers J C. Intestinal tumours,colonic butyrate and sleep in exercised Min mice[J]. British J Nutr,2010,104(3):355 – 363.

[8] Goodrich J K,Waters J L,Poole A C,et al. Human genetics shape the gut microbiome[J]. Cell,2014,159(4):789 – 799.

[9] Yatsunenko T,Rey F E,Manary M J,et al. Human gut microbiome viewed across age and geography[J]. Nature,2012,486(7402):222 – 227.

[10] David L A,Maurice C F,Carmody R N,et al. Diet rapidly and reproducibly alters the human gut microbiome[J]. Nature,2014,505(7484):559 – 563.

[11] Lambert J E，Myslicki J P，Bomhof M R，et al. Exercise training modifies gut microbiota in normal and diabetic mice[J]. Appl Physiol Nutr Metab，2015,40(7):749-752.

[12] Korem T，Zeevi D，Suez J，et al. Growth dynamics of gut microbiota in health and disease inferred from single metagenomic samples[J]. Science，2015,349(6252):1101-1106.

[13] Flowers S A，Ellingrod V L. The microbiome in mental health: potential contribution of gut microbiota in disease and pharmacotherapy management[J]. Pharmacotherapy，2015,35(10): 910-916.

[14] Turnbaugh P J，Bäckhed F，Fulton L，et al. Diet-induced obesity is linked to marked but reversible alterations in the mouse distal gut microbiome[J]. Cell Host Microbe,2008,3(4):213-223.

[15] Ley R E，Bäckhed F，Turnbaugh P，et al. Obesity alters gut microbial ecology[J]. Proc Nati Acad Sci USA，2005,102(31):11070-11075.

[16] 黄晓飞,陆颖理.肠道菌群与肥胖关系的研究进展[J].医学综述,2014,20 (1):82-84.

[17] Woods J A. Physical activity，exercise，and immune function[J]. Brain Behav Immun，2005,19(5):369-370.

[18] Brolinson P G，Elliott D，et al. Exercise and the immune system[J]. Clin Sports Med，2007,26(3):311-319.

[19] Saxena A，Fletcher E，Larsen B，et al. Effect of exercise on chemically-induced colitis in adiponectin deficient mice[J]. J Inflamm (Lond)，2012,9(1):30.

[20] Lancaster G I，Febbraio M A. Exercise and the immune system: implications for elite athletes and the general population[J]. Immunol Cell Biol，2016,94(2):115-116.

[21] Yallapragada S G，Nash C B，Robinson D T. Early-life exposure to antibiotics，alterations in the intestinal microbiome，and risk of metabolic disease in children and adults[J]. Pediatr Ann，2015,44

(11):e265-269.

[22] Fujimura K E, Lynch S V. Microbiota in allergy and asthma and the emerging relationship with the gut microbiome[J]. Cell Host Microbe, 2015,17(5):592-602.

[23] Johnson C C, Ownby D R, Alford S H, et al. Antibiotic exposure in early infancy and risk for childhood atopy [J]. J Allergy Clini Immunol, 2005,115(6):1218-1224.

[24] Zheng H, Liang H, Wang Y, et al. Altered gut microbiota composition associated with eczema in infants[J]. PloS one, 2016,11 (11):e0166026.

[25] Knights D, Silverberg M S, Weersma R K, et al. Complex host genetics influence the microbiome in inflammatory bowel disease[J]. Genome Med, 2014,6(12):107.

[26] Oyri S F, Muzes G, Sipos F. Dysbiotic gut microbiome: A key element of Crohn's disease[J]. Comp Immunol Microbiol Infect Dis, 2015(43): 36-49.

[27] Gülden E, Wong F S, Wen L.The gut microbiota and type 1 diabetes [J]. Clin Immunol, 2015,159(2):143-153.

[28] Dinan T G, Cryan J F. The impact of gut microbiota on brain and behaviour: implications for psychiatry[J]. Curr Opin Clin Nutr Metab Care, 2015,18(6):552-558.

[29] Zitvogel L, Galluzzi L, Viaud S, et al.Cancer and the gut microbiota: an unexpected link[J]. Sci Transl Med, 2015,7(271):271ps1.

[30] Clarke S F, MUrphy E F, O'sullivan O, et al. Exercise and associated dietary extremes impact on gut microbial diversity[J]. Gut, 2014,63 (12):1913-1920.

[31] 乔德才,陈敬,魏桂芳,等.采用 DNA 指纹图谱技术分析中长跑运动员肠道菌群结构特征[J].中国运动医学杂志.2004,23(5):517-521.

[32] 宋刚,廖帅雄.运动与肠道菌群研究综述[J].中国体育科技,2019,55(10): 56-61.

［33］ Yatsunenko T，Rey F E，Manary M J，et al. Human gut microbiome viewed across age and geography［J］. Nature，2011，486（7402）：222 － 227.

［34］ Schuler G，Adams V，Goto Y. Role of exercise in the prevention of cardiovascular disease：results，mechanisms，and new perspectives［J］. Euro Heart J，2013，34（24）：1790 － 1799.

［35］ Catherine A L，Jesse S，Antonio G，et al.Meta-analyses of studies of the human microbiota［J］. Genome Research，2013，23（10）：1704 － 1714.

［36］ Guinane C M，Cotter P D. Role of the gut microbiota in health and chronic gastrointestinal disease：understanding a hiddenmetabolic organ ［J］. Therap Adv Gastroenterol，2013，6（4）：295 － 308.

［37］ Lamoureux E V，Grandy S A，Langille M G I. Moderate exercise has limited but distinguishable effects on the mouse microbiome［J］. mSystems，2017，2（4）：e00006 － 17.

［38］ Gopalkrishnan V，Spencer C N，Nezi L，et al. Gut microbiome modulates response to anti-PD-1 immunotherapy in melanoma patients ［J］. Science，2018，359（6371）：97 － 103.

［39］ YU H，Gagliani N，Ishigame H，et al. Intestinal type 1 regulatory T cells migrate to periphery to suppress diabetogenic T cells and prevent diabetes development［J］. Proc Natl Acad Sci USA，2017，114（39）：10443 － 10448.

［40］ 周涛,邱宗忠,刘巍.太极拳锻炼对肥胖老年人肠道益生菌和血脂代谢影响的相关性研究［J］.山东体育学院学报,2012,28(1):62 － 66.

［41］ 孙红梅.健身气功·八段锦练习对老年人肠道菌群的影响［J］.中国运动医学杂志,2012,31,(11):973 － 977.

［42］ 段丽梅.五禽戏锻炼对老年人抗氧化能力和肠道乳酸菌的影响及相关性研究［J］.中国体育科技,2012,48(2):112 － 116.

［43］ 程茜.食物营养与辅食对肠道菌群的影响［J］.中国儿童保健杂志,2020,28(10):1069 － 1071,1087.

[44] 阮征,邓泽元,伍国耀,等.食物营养与机体健康的关系——肠胃始动论[J].食品科学,2012,33(11):273-282.

[45] 成雨风,贺松,刘燕,等.基于数据挖掘的 CRC 肠道菌群营养干预可行性分析[J].智能计算机与应用,2020,10(4):81-85.

[46] 刘怡萱,马红梅.饮食调节与肠道菌群研究的进展及展望[J].生物技术,2019,29(4):404-410,360.

第十五章　运动损伤修复及纳米运动营养补剂

第一节　纳米载药体系概述

在纳米尺度范围内,物质开始表现出一些不同寻常的理化性质。纳米级粒子比原子团大,但比通常的微米级小,由于其本身具有一些特殊的物理效应,因而在很多方面的性质要优于其他物质。例如,与红光物质相比,纳米微粒的熔点低,但强度、韧性、反应活性、扩散率、比热容、膨胀系数等都较高。

纳米载药体系(nano drug delivery systems,NDDS),是将纳米技术和纳米材料应用到治疗中,主要通过提升病变部位药物的靶向递送等来解决传统药物治疗中存在的问题。纳米药物载体是一类新型载体,通常由天然或合成高分子材料制成,也有部分纳米药物载体是由无机纳米颗粒、无机-有机纳米杂化材料等构成。由于其粒径比毛细血管通路远远要小,且具有降低药物不良反应、提高药物稳定性、缓释控释药物和药物靶向释放等优点,故在生物医学领域的应用极为广泛。由于目前对于 NDDS 在运动性损伤修复领域中的应用和相关研究比较少,因此,本文分别通过 NDDS 在运动性肌肉损伤,运动性疲劳恢复及运动性骨损伤中的应用现状,对现有 NDDS 在运动损伤领域的研究进行总结归纳,为 NDDS 在运动医学领域的发展提供有价值的研究思路。

第二节　纳米载药体系在骨骼肌损伤修复中的应用

对于经常参加体育运动的专业性运动员或健身人群,运动性骨骼肌损伤比较常见,常见的原因包括:直接外力作用引起的肌肉挫伤外和间接外力引起的肌肉拉伤,无论是哪种因素导致的骨骼肌损伤,都会对运动员和健身人群的运动能力和运动寿命造成较大威胁。传统使用的普通剂型药物具有靶向性低、疗效作用缓慢等问题,运用纳米材料作为药物载体可以有效解决上述问题,这也就促使了 NDDS 在运动医学领域中有迫切的需求。

1. 磁性纳米材料作为药物载药

磁性纳米颗粒是指三维尺寸中至少有一维在 $1 \sim 100$ nm 的磁性材料,主要组成为 Fe、Co、Ni 等元素的金属单质或其氧化物。由于它具有高矫顽力;磁响应性;超顺磁性等优异特性,因此在生物医学领域中有着广泛的运用。

碱性成纤维细胞生长因子(bFGF)对于肌肉组织再生过程至关重要,通过促进伤口闭合速度加快了细胞增殖和组织血管的生成,从而使肌肉损伤修复的进程大大缩短。研究表明,碱性成纤维细胞生长因子(bFGF)可增加肌生成相关蛋白 p-Akt 和 p-mTOR 的水平促进受损的肌肉再生进而促进皮肤伤口愈合。但是外源性补充 bFGF 的生物利用率较低,利用纳米技术结合磁场靶向定位可解决此问题。通过建立小鼠腓肠肌钝挫伤模型,在注射等计量不同药物的情况下,磁纳米化 bFGF 能达到比 bFGF 具有更好的效果。损伤后前 10 天,纳米组小鼠 MHC-ⅡbmRNA 表达显著高于普通组($P < 0.05$),持续数日后还可保持高活性表达状态,说明磁性纳米粒子延长了 bFGF 的作用效率和时间;并且肌肉收缩力的恢复速度加快。该研究通过磁化处理和纳米技术的联合应用,实现了靶向定位,同时加强 bFGF 的作用效果。因此,磁性纳米颗粒与普通剂型相比,能更好地促进运动性肌肉损伤的修复,进一步提高损伤肌肉愈合的速度和效果,加快运动性骨骼肌损伤的修复,为运动性骨骼肌损伤的治疗提供了新的方法和思路。

2. 纳米中药

纳米中药是在纳米技术的基础上产生的,是指运用纳米技术制备的粒径小于 100nm 的中药有效成分、有效部位、原药及其复方制剂。与传统的中药相比,纳米中药具有很多新的特点。纳米中药物不仅可有效提高药物在血液中的溶解度和代谢效率,降低毒性,具有缓释功能还可实现靶向给药。在某些情况下,还可暴露药物内部隐藏的化学基团,以新的化学实体的形式发挥新的临床功效。有研究表明,将传统中药处理成纳米中药颗粒,可使之加快通过生理屏障的速度,提高其生物利用度。如果将纳米中药和纳米载体结合并进行修饰,可以实现药物的缓释和靶向作用,可降低某些中药的不良反应,提高治疗效果。

运动损伤的治疗和康复中常采用外敷中药膏贴的方法,如何促进药物透过皮肤,进入血液循环,从而提高药物的功效关系到损伤恢复的速度。利用纳米技术将传统中药制成纳米级颗粒或制剂,由于小的粒径和较大的吸附能力,可使药物能够穿透皮肤屏障和血脑屏障进入血液循环系统,提高中药的生物利用度进而提高疗效。例如可先将中药成分进行提取和分离,将有效成分进行纳米化处理,并结合纳米材料作为药物载体合成靶向纳米中药,采用局部注射或贴敷膏药的方式进行治疗,这种治疗方法缩短了恢复的周期,为运动性肌肉损伤修复的进一步研究奠定了基础。

第三节 纳米载药体系在运动性骨损伤中的应用

运动性骨损伤是一种常见的运动损伤类型,发病率较高。骨损伤后的症状一般表现为红肿且痛感明显。运动专项特点的不同导致运动损伤的部位略有不同。一项针对我国中超联赛部分职业男子足球运动员的调查显示,专业足球运动员运动损伤的发生部位以踝关节(18.1%)为主,韧带拉伤(11.07%)和膝关节(10.9%)次之。此外,长跑运动员的膝、踝、足等部位骨损伤的概率也显著大于其他部位。

在运动实践中,一般将导致运动性骨折的主要原因分为外因和内因,外因是指外力直接或间接作用于人体的骨骼而导致骨折;内因是指长期反复的应力负荷超越了骨的正常承受能力,打破了骨吸收与骨修复之间的动态平衡,造成骨骼长期劳损从而导致骨折。对于日常运动训练量巨大同时比赛激烈的运动员而言,运动性骨折发生概率极高,对运动员的日常生活和训练影响较大,甚至会可能会导致运动员残疾并终止运动生涯,其传统治疗方法具有时间长,恢复慢,易感染等问题,难以取得满意的效果。因此,利用新型纳米载药技术治疗运动性骨损伤具有重要的意义和广阔的应用前景。

1. 纳米载药复合假体

纳米材料在结构上的特殊性使其表现出许多优异的性能。利用纳米技术可制作高强度、高弹性、高组织亲和力的骨损伤修复材料。有研究表明,骨折手术中使用的假体材料表面粗糙多孔,细菌极其容易在上面滋生,若只使用单独的纳米材料制成的假体,会极易发生感染。如果直接将抗菌药物与假体材料混合制备为载药假体又可能会造成:抗生素释放速度不均、药物释放结束后留下的孔隙过大、假体材料的完整性被破坏等问题。而如果利用颗粒半径较小、稳定性好的纳米材料作为抗菌药物载体,再将其添入假体材料,可以有效解决上述问题。

纳米羟基磷灰石在化学组成和结构上接近天然骨矿物质,具有易降解、生物学活性高、生物相容性好等优点,现已成为运动性骨损伤修复的基础性材料。Mondal S 制备了装载万古霉素的 nHAP/胶原/聚(乳酸)骨移植替代物用于修复大尺寸骨损伤,该复合材料具有典型多孔结构,孔隙率约 80%,体外研究结果显示其在 4 周内释放了约 98% 的药物,抑菌率超过了 99%,还表现出了良好的体内和体外生物相容性,以载有药物的纳米羟基磷灰石为原料,制作骨折术中使用的假体,可以有效地加快骨折的愈合并且可降低术后感染率。

二氧化硅纳米粒子因其亲水性表面、稳定性好、易于官能化等特点,已成为常用的优良纳米载体。而介孔二氧化硅纳米粒子(mesoporous silica nanoparticles,MSN)的表面积更大,更有利于运用于载药而得到研究者关注。周小军在制备明胶骨支架的过程中,加入运用介孔二氧化硅纳米粒子(MSNs)负载抗生素万古霉素制备得到的 Van@MSNs,制备出复合 Van@MSNs 的明胶复合支架,体外细胞实验证明 Van@MSNs 明胶复合支架更有利于骨髓基质细胞(BMSCs)的黏附、增值、分化,并且根据抑菌实验结果显示:Van@MSNs 明胶复合支架的抗菌能力更强。用负载药物的二氧化硅纳米粒子制备出的假体,同样可以减少术后感染发生率,减轻运动员的痛苦,更有利于运动性骨折的恢复。

另外,有部分试验者通过在假体制作材料中添加纳米金属或脂质体的方式制作出骨折术中使用的纳米复合假体,如表 15-1 所示。

与直接在假体材料中添加抗生素等传统方法相比,制作纳米载药复合假体不仅达到了抗菌、防止骨折术后感染的目的,抗生素的释放能得到有效的控制,同时,所需抗生素的量也减少,有利于降低医疗成本。在未来的研究中,应该加强纳米载药体系的动物实验研究,制作出抗菌性能、力学性能俱佳的骨科假体材料。

表 15 - 1　制作纳米复合假体的方法

材料名称	研究者	实验方法
纳米金属	Nam K Y	在硅酸盐水泥中添加纳米银
脂质体	Ayre W N	将脂质体包裹庆大霉素制成纳米尺度的脂质体,并与 PMMA 骨水泥混合
纳米羟基磷灰石	Mondal S	制备成装载万古霉素的 nHAP/胶原/聚(乳酸)骨移植替代物
二氧化硅纳米粒子	周小军	用介孔二氧化硅纳米粒子负载抗生素万古霉素(Van)制备得到的 Van@MSNs,制备出复合 Van@MSNs 的明胶复合支架

2. 纳米载药涂层

为了降低运动性骨折术后感染率的方法除了前文所述的使用纳米载药复合假体之外,还可以在术中使用的假体表面覆盖上纳米载药涂层,这样不仅同样能达到让抗菌药物准确、均匀地释放在手术部位的目的,还可以克服在纳米载药复合假体中由于药物释放导致的假体完整性被破坏的问题。

纳米金属及氧化物具有良好的广谱抗菌效果,且不会增加细菌耐药性。在实验中将纳米银颗粒/聚乳酸－羟基乙酸共聚物分别以电镀的方式均匀涂抹于假体材料——不锈钢种植材料(SNPSA)或纯钛种植材料(SNPT)表面,体外细胞实验证明不仅证明了 SNPSA 材料有更强的促进细胞成骨分化和促进动物体内骨形成的能力,而且证明了纳米银具有良好的抗菌性能。郭金霄等人运用医用金属钛为基底制备二氧化钒纳米涂层,运用碱性磷酸酶(ALP)定量检测证明二氧化钒纳米涂层具有较好的成骨性能,同时,实验还证明了二氧化钒纳米涂层具有良好的抗菌性能和低细胞毒性。纳米金属载药涂层在运动性骨损伤修复中骨与软骨组织的构建和再生领域应用广泛。

实验证明利用脂质体载药,并以涂层形式附着于假体表面,也可以实现抗菌药物长期、受控地均匀释放。其将脂质体装载上地塞米松和米诺环素,进而运用多巴胺将装载后的脂质体固定在聚苯乙烯表面,实验结果显示经过修饰的表面抗菌和抗炎能力都得到了有效的提高,促炎因子的表达受到了抑制,细菌的增殖减少,也可以有效防止术后感染。

　　除此以外,在假体表面覆盖装载壳聚糖、纳米羟基磷灰石等的复合纳米涂层(见表15-2),也都可以有效地防止术后细菌增加,出现术后感染的情况。

　　通过对运动性骨折手术中使用到的假体材料进行以上纳米载药体系复合处理,可以有效降低术后感染的概率,更有利于运动性骨折快速、高质量地康复。

表 15-2　假体表面构建纳米载药涂层的方法

材料名称	研究者	实验方法
纳米银	余孟流	在人工关节上制备了载纳米银的钛纳米管抗菌涂层
纳米钛	郭金霄	在人工关节上制备载银钛纳米管涂层
脂质体	Xu Xiao	用多巴胺将装载地塞米松和米诺环素的脂质体固定在聚苯乙烯表面
壳聚糖	Farideh Ordikhani	多步电泳沉积技术在钛箔表面上制备 CS/生物活性玻璃/万古霉素纳米复合涂层
层状金属纳米涂层	Li Bingyun	用静电多层自组装技术,在假体表面制备了装载炎症因子(MCP-1 和 IL-12 p70)的纳米涂层
纳米羟基磷灰石	Kumar T S S	在钛膝关节假体表面涂覆 nHAP/银纳米涂层

第四节　纳米载药体系在运动性疲劳中的应用

　　运动性疲劳是机体在生理过程中不能维持其机能在某一特定水平和/或不能维持预定运动强度的状态。在运动过程中,能源物质的耗竭和代谢产物的累积是导致身体运动性疲劳的重要原因。因此,为维持机体的稳态,根据运动类型的不同,适当地补充相应的营养素则显得至关重要。营养素的补充形式多种多样,其中,以运动营养补剂应用较为广泛,它不仅可以为机体提供能量,还对消除疲劳、促进损伤修复有重要作用。常见的营养补剂中主要包括无机微量元素和生物有机分子,然而这些天然的营养补剂普遍存在的缺陷是稳定性差、体内半衰期短、口服给药易被胃肠道的蛋白水解酶降解、生物利用度低。因此,有关营养补剂新剂型的研究和开发已成为运动医学保健领域的重要课题和迫切需求。利用纳米技术将机体所需营养成分制成纳米制剂,不仅可以提高其生物利用度,而且可以更好发挥营养补剂的生物效用。这对于机体运动能力的提高、运动疲劳的消除以及机体的健康至关重要。

1. 纳米硒

硒对人体来说是一种非常重要的无机微量营养元素,具有清除自由基、保护心血管等诸多功效,硒可以维持蛋白质正常生理功能,以及相应酶类抗氧化能力。当硒的颗粒直径达到纳米级时,即纳米硒。研究表明,纳米硒不仅具有与普通硒等效的抗氧化性,还可表现出低毒性的特点。

长期运动训练产生的大量自由基加强了细胞膜脂质过氧化作用,进而导致一系列细胞氧化损伤,引起机体疲劳的出现和运动能力的下降。如何及时、有效地排出运动应激造成体内多余的自由基是体育竞技领域的一个重要课题。在某些研究中,尝试用硒来充当"清除剂",主要是利用了硒作为强抗氧化剂的特点。实验发现,就清除羟基自由基的效率而言,小剂量的纳米硒就可媲美亚硒酸钠;而就其总体清除能力而言,纳米硒要好于抗坏血酸的作用,这说明纳米硒有显著和高效地清除自由基的能力。同时,纳米硒对于其他类型的自由基,包括以碳为中心的自由基、二甲基三硝基苯肼(DPPH)自由基、超氧化物自由基、单态氧等也可显示出较高的清除能力,还可以抑制 DNA 的氧化。同时,纳米硒的颗粒直径大小是影响其清除能力强弱的重要因素。在生物体内,纳米硒的安全剂量与其颗粒直径大小是密切相关的。一般来说,在不考虑硒毒性的前提下,纳米硒的颗粒直径越小,显示出越强的清除能力。此外,有研究表明,在体外实验中壳聚糖包裹的纳米硒对直接清除 ABTS 自由基[2,2-联氮-二(3-乙基-苯并噻唑-6-磺酸)二铵盐]和 DPPH 自由基效果显著。

纳米技术改变了硒的固有形态,使新形成的纳米硒具有较高的生物利用度和生物活性,不仅发挥了无机微量元素硒特有的功能,如抗氧化、免疫调节等,而且其低毒性的特点也避免了传统硒带来的诸多不良反应。因此,由于纳米硒在清除多种类型自由基方面的高效性,未来在竞技运动领域可以作为运动员的运动营养补剂。

2. 纳米层状双氢氧化物/叶酸载药体系

叶酸是 B 族维生素的一种,主要由 L-谷氨酸、蝶啶和对氨基苯甲酸组成。叶酸具有抗氧化作用和清除自由基作用,但是在一般情况下,具有热稳定性差、体内半衰期短、生物利用度低以及易被蛋白水解酶或胃肠酶降解等缺点。纳米载药体系的构建及其缓释、控释和靶向释药的优良特性，有效地克服了这些缺点，极大地促进了药物的吸收，提高了药物的疗效。前期研究中，我们尝试以层状双氢氧化物（LDH）纳米材料作为载体，叶酸作为药物模型，制备出叶酸—层状双氢氧化物纳米新剂型，并对其组成、结构、颗粒形状和尺寸进行了表征。体外抗氧化作用实验表明，叶酸-LDH 抗氧化剂体系对 DPPH 羟基自由基具有明显的清除作用，同时可以氧化促进 Cu^{2+} 螯合作用。进一步构建运动性疲劳小鼠模型，体内抗疲劳实验研究表明，与单纯药物叶酸组和对照组相比，叶酸-LDH 可以延长小鼠游泳的时间，叶酸-LDH 纳米药物更有效地降低血尿素氮和血乳酸，并增加肌肉和肝脏糖原水平。这些结果提示叶酸-LDH 纳米载药体系或许可作为抗氧化营养补剂用于增加运动耐力，促进运动性疲劳的恢复。纳米技术针对传统运动营养补剂的存在的一些问题，结合纳米载药体系控释、缓释以及提高作用靶向性的优势，合成性能优良的纳米药物新剂型，为纳米药物在运动医学领域的应用提供了新的思路，为开发出抗运动性疲劳的纳米营养补剂提供有价值的研究基础。

第五节　研究展望

目前纳米载药在生物医学领域中的应用已经取得了一定的进展，但是国内外关于纳米载药在运动损伤领域中应用的研究还不是很多，将这些纳米载药体系大范围、系统地运用到运动实践中仍有一定距离。此外，虽然纳米载药在体内及体外研究中均表现出良好的治疗效果、抗菌功能等，但临床研究样本相对较少，今后的研究重点，一方面充分利用纳米材料比表面积大、稳定性好等优良特性，针对不同运动损伤的具体特点，对纳米载药体系的药物释放特性进行评估；另一方面还应该加强对纳米载药体系不良反应的研究，确保其安全性和有效性。未来，纳米载药体系在运动损伤领域将发挥越来越重要的作用，为运动性损伤的治疗提供实践基础，同时，纳米载药体系的进一步发展也会为运动医学的其他领域如运动医务监督、医疗体育等提供新的机遇。

参考文献

[1] Li W，Feng S，Guo Y J. Tailoring polymeric micelles to optimize delivery to solid tumors[J]. Nanomedicine（Lond），2012,7（8）:1235 - 1252.

[2] 梁静茹,权维燕,李思东,等.纳米药物载体在医药领域应用的研究进展[J]. 山东化工,2019,48(19):78 - 81.

[3] 吴交交,樊星,高芮,等.磁性纳米粒子介导的细胞生物学效应[J].生命的化学,2019,39(5):885 - 896.

[4] 王妍.磁性纳米粒子的制备及其在生物医药领域中的应用[J].山东化工, 2018,47(22):91 - 92.

[5] Qu Y，Cao C，Wu Q，et al. The dual delivery of KGF and bFGF by collagen membrane to promote skin wound healing [J]. J Tissue Eng Regen Med，2018，12(6):1508 - 1518.

[6] 董贵俊.磁场定位磁纳米化 bFGF 治疗大鼠腓肠肌钝挫伤恢复效果研究 [J].武汉体育学院学报，2011，45(02)：43 - 46＋51.

[7] 葛新发.利用碱性成纤维细胞生长因子包裹的磁性纳米粒对大鼠急性骨骼肌钝挫伤恢复再生研究.2011 第九届全国体育科学大会[C].2011. 中国上海.

[8] Zhu L，Staley C，Kooby D，et al. Current Status of Biomarker and Targeted Nanoparticle Development：The Precision Oncology Approach for Pancreatic Cancer Therapy [J]. HHS Public Access，2017，388:139 - 148.

[9] Li D C，Zhong X K，Application of targeted drug delivery system in Chinese medicine [J]. J Control Release，2009，138(2):103 - 112.

[10] Li P Y，Du S Y，Lu Y，et al. Bio-adhesive drug delivery system and its application in traditional Chinese medicine [J]. J Control Release， 2017，42(24):4687 - 4693.

[11] Xu W，Xing F J，Dong K，et al. Application of traditional Chinese medicine preparation in targeting drug delivery system [J]. Drug Delivery，2015，22(3):258.

［12］宋洁瑾.纳米中药的研究进展［J］.天津药学，2013，25(05)：71-73.

［13］贾云鹏.纳米中药制剂的研究进展综述［J］.黑龙江科技信息，2014(35)：141.

［14］王凯.警惕青少年运动性骨折的潜在风险性［J］.体育科技文献通报，2008，16(8)：98-99.

［15］Wyatt M C，Beswick A，Kunutsor S，et al. The alpha-defensin immunoassay and leukocyte esterase colorimetric strip test for the diagnosis of periprosthetic infection：a systematic review and meta-analysis［J］. J Bone Joint Surg am，2016，98(12)：992-1000.

［16］Lewis K. Persister cells：molecular mechanisms related to antibiotic tolerance［J］. Handb Exp Pharmacol，2012(211)：121-133.

［17］Mondal S，Dorozhkin S V，Pal U. Recent progress on fabrication and drug delivery applications of nanostructured hydroxyapatite［J］. Wiley interdisciplinary reviews. Nanomed nanobiotech，2018,10(4)：e1504.

［18］周小军.介孔硅纳米成骨释放系统的构筑及骨修复应用［D］.上海:东华大学,2016.

［19］Nam K Y. Characterization and antimicrobial efficacy of Portland cement impregnated with silver nanoparticles［J］. J Adv Prosthodont，2017,9(3)：217-223.

［20］Ayre W N，Birchall J C，Evans S L,et al. A novel liposomal drug delivery system for PMMA bone cements［J］. J Biomed Mater Res. B Appl Biomater,2016,104(8)：1510-1524.

［21］Li B，Jiang B，Boyce B M，et al. Multilayer polypeptide nanoscale coatings incorporating IL-12 for the prevention of biomedical device-associated infections［J］. Biomaterials,2009,30(13)：2552-2558.

［22］余孟流.以纳米银/聚乳酸—羟基乙酸作为表面涂层的金属材料成骨机制及成骨性能的研究［D］.杭州:浙江大学,2017.

［23］Thanh D T M，Trang P T，Huong H T，et al.Fabrication of poly (lacticacid)/hydroxyapatite（PLA/HAp）porous nanocomposite for bone regeneration［J］. Int J Nanotechnol，2015，12 (5/6/7)：391.

［24］Thanh D T M，Trang P T T，Thom N T，et al. Effects of porogen on structure and properties of poly lactic acid/hydroxyapatite Nanocomposites（PLA/HAp）［J］. J Nanosci Nanotechno，2016，16（9）:9450－9459.

［25］Lasprilla A J，Martinez G A，Lunelli B H，et al. Poly-lactic acid synthesis for application in biomedical devices-a review［J］.Biotechnol Adv，2012，30（1）:321－328.

［26］郭金霄.二氧化钒纳米涂层提升骨科内植物成骨和抗菌性能的研究［D］.上海:上海交通大学,2018.

［27］Xu X，Wang L，Luo Z，et al. Facile and versatile strategy for construction of anti-inflammatory and antibacterial surfaces with polydopamine-mediated liposomes releasing dexamethasone and minocycline for potential implant applications［J］. ACS Appl Mater Interfaces,2017,9（49）:43300－43314.

［28］Farideh O,Silviya P Z,Abdolreza S. Surface Modifications of Titanium Implants by Multilayer Bioactive Coatings with Drug Delivery Potential: Antimicrobial，Biological，and Drug Release Studies［J］. JOM,2016,68（4）:1100－1108.

［29］Li B，Jiang B,Matthew J，et al. Evaluation of local MCP-1 and IL-12 nanocoatings for infection prevention in open fractures［J］. J Orthop Res,2010,28（1）:48－54.

［30］KumarTs S，Madhumathi K. Antibiotic delivery by nanobioceramics［J］. Ther Deliv,2016,7（8）:573－588.

［31］Liu H，Xu H，Huang K. Selenium in the prevention of athero-sclerosis and its underlying mechanisms［J］.Metallomics，2017，9:21－37.

［32］Rayman M P. Selenium and human health［J］. Lancet，2012，379:1256－1268.

［33］Fairweather-Tait S J，Bao Y，Broadley M R，et al. Seleniumin human health and disease［J］. Antioxid Redox Signal，2011，14:1337－1383.

［34］Chen W，Li Y，Yang S，et al. Synthesis and antioxidant properties of chitosan and carboxymethyl chitosan-stabilized selenium nanoparticles [J]. Carbohydrate Polymers，2015，132:574 – 581.

[35] Zhai X，Zhang C，Zhao G，et al. Antioxidant capacities of the selenium nanoparticles stabilized by chitosan [J]. Nanobiotechnol，2017，15(1):4 – 15.

[36] Qin L，Wang W，You S，et al.In vitro antioxidant activity and in vivo antifatigue effect of layered double hydroxide nanoparticles as delivery vehicles for folic acid[J]. Int J Nanomed，2014，9(9):5701 – 5710.